特別活動で、日本の教
変わる！

特活力で、自己肯定感を高

洋
科学省視学官
大學人間開発学部教授
孝章
県東松山市立
一小学校校長

小学館

目次

はじめに

日本のカリキュラムには、我が国の戦後の繁栄や民主化を学校教育の側面から支えてきた特別活動がある。資質・能力育成ベースで行われた今般の教育課程改革は、その特別活動の教育課程上の役割を改めて価値付けるとともに、新たな期待も与えた。

その第一は、教科等で育ててきた力を、社会で生きて働く汎用的能力にまで高める役割を担うとし、とりわけこれまで特別活動が育成してきた「人間関係形成」「社会参画」「自己実現」は、これからの共生社会の担い手に必要不可欠とされたことである。第二に、このような資質・能力を育成することに加え、各教科等をつなぎ、小・中・高をつなぎながら、目標をもって学んだり、生活したりするための意思決定をする特別活動が、キャリア教育の要に位置付けられたことである。第三は、学力向上や生徒指導上の問題を未然防止するための学びに向かう集団やいじめ等を未然防止する集団づくりなど、子供たちによる子供たちのための学級経営や生徒指導の場として、特別活動を効果的に活用することが期待されたことである。

これだけを見れば、どの学校も高い関心を示し、すぐにでも実践したいはずであるが、そうなっていない。つまり、総論賛成でも、各論になると「他にもっと優先すべきことが…」となってしまうのが現状である。

その背景には、点数化し競争するような学力には組織的に取り組むが、学級経営や生徒指導などは教師個人任せになっている実態がある。また、それらのことについて「特別活動は、即効性がない」「労多くして、功少なし」「保護者の優先順位も低い」などの先入観がある。しかし、実際、研究校に関わると、その思い込みは一変する。「即効性も持続性もある」「労は多いが、功も大きい」「保護者の期待も大きい」と変わる。エジプトや高知県教育委員会が、施策として特別活動を導入し、組織的に展開した結果は、それを裏付けている。

大事なことは、一部の教師だけが熱心に行っているとか、形だけの活動や間違った指導が行われていたりするなどで効果が上がりにくくなっていることだ。管理職も含め、全教職員が本気で取り組んだことがない教師が多いから実感できていないだけであり、だから、特別活動の教育力が有効活用されないという負の連鎖に陥っている。

学校や教育行政で実際に成果を上げる一方で、そんな歯がゆい思いを持ち続けてきた稲垣孝章先生と、共有する思いを本にまとめたらどうかと、小学館の和田国明さん、フリーライターの高瀬康志さんが熱心に声をかけてくれ、本書の刊行に至った。一人でも多くの先生や学校が特別活動の教育力を再認識し、本気で取り組む一歩につながることを期待したい。

令和二年七月

國學院大學人間開発学部教授
杉田　洋

第1章 特別活動を根づかせるには

◆新学習指導要領における、特別活動の位置付け

稲垣

子供たちの卒業文集やさまざまな学校教育での思い出として記されている内容を見ると、修学旅行等の学校行事をはじめ、その多くが特別活動に関するものであることがわかります。子供たちの自発的、自治的な活動を推進する特別活動の重要性を、教師であれば誰もが認識しているものと思います。しかし、特別活動の中核である学級活動がなかなか実践されていない現状は否めないと思います。特に、これまで特別活動でどのような力が育つのかという資質・能力に関することは、わかりにくいという現状がありました。私もこれまで、さまざまな研修会で、特別活動で育つ資質・能力

について何度も尋ねられたことがあります。

今般、新学習指導要領において各教科等で育成すべき資質・能力が明確にされました。もちろん、言葉として示された資質・能力が現実に見える資質・能力として現れることはなかなか難しいという問題はありますが、特別活動として「人間関係形成」「社会参画」「自己実現」という目指す資質・能力の視点が明確に打ち出されたことは、学校にとってとても有意義なことだと思っています。また、実践が十分になされているとは言い難い学級活動の目標に学級活動(1)の特質としての「合意形成」、学級活動(2)(3)の特質としての「意思決定」が明確にされたことも、特別活動における育てたい資質・能力の明確化という意味でも意義深いものであると思います。

また、小学校と中学校との連携についての記載や特別活動と各教科等との「往還関係」についても、重要な視点が示されたと感じています。

杉田

特別活動を全国に根づかせる上で、文部科学省からのメッセージが重要な役割を果たしていることは言うまでもないことです。特に、学習指導要領の内容は、学校現場に強い影響力を及ぼします。また、マスコミや識者によるさまざまな発信も重要です。

その点で、今般の学習指導要領の改訂を一言で言えば、コンピテンシー(資質・能力)

の育成をベースとした教育課程改革と言っていいでしょう。それは、知識と技能の習得に力点が置かれていた産業革命時代の学校教育から、習得した知識や技術を活用できる資質・能力の育成を目指そうとする学校教育への転換を意味しています。このことは、内閣府が提唱する未来社会のコンセプト「Society5.0」の時代に向けた人材育成をも視野に入れたものです。

このような教育改革の流れは、これまで全教育活動を通して行ってきた人間形成の統合的な時間として教育課程に位置付けられてきた特別活動の役割を、改めて価値付けたという点で大きなことでした。それは、知・徳・体をバランスよく育ててきた日本式全人教育において、特別活動が「非認知的能力の育成」の中心的な役割を担っていることを、強く海外に印象付けることにもなりました。そのことが、モンゴルやエジプトでのTOKKATSUの導入のきっかけにもなりました。

さらには、身近な社会である学校において各教科等で育成した資質・能力について、実践的な活動を通して、社会生活に生きて働く汎用的な力として育成する特別活動の役割が明示され、各教科等との往還の関係が整理されたことも重要な意味がありました。それは、学習指導要領の総則において、全教育活動を通して行う「キャリア教育

稲垣

の要」として位置付けられる根拠にもなったからです。

私が、特別活動を学校の中核に据えて実践することの効果として実感しているのは、まず「教師が規制する学校」から「子供たちの自立による学校」へと教師の子供観が変革されるということです。そして、教師の子供観が変わると子供たちの意識も変容し、教師から言われたことに対して指示通りに動く子供の姿から「自分たちの力でよりよい学校をつくりたい」という子供の姿が見られるようになります。そのことから、よりよい学校文化を創造する風土ができてくるということです。例えば、私は週に一度、昼休みを三〇分にしました。その時間を有意義に活用したいと児童会の子供たちが児童会ポストを設置して、全校の子供たちに実践したい内容を募集しました。

実践されたのは、「フォークダンス集会、特技発表会、怪談話集会、ドッジボール大会、おにごっこ」などの集会です。卒業前に、六年生が次のようなコメントを残していました。「僕たちの思いを叶えてくれる学校」と。

特別活動の実践を通して、子供たちの自己実現への支援を学校全体で推進すると、欠席者数が減少するとともに、保健室への通室者が減ったり、ケガをする子供の人数が減ったりするという数値も見られました。

学級の雰囲気と学力向上

【OECDによる「生徒の学習到達度調査（PISA2003）」】

数学的リテラシー得点について、
学校質問紙・生徒質問紙の結果及び
調査問題との関連から、例外なく、

学級の（　雰囲気　）が
良好であるほど

生徒の（　モラール　）が
良好であるほど

得点が高くなると報告しています

2003年と2012年の調査を比べると、
日本は「興味・関心や楽しみ」「自己効力感」等
望ましい方向に変化しています。

特に私が特別活動の効果として実感しているのは、学力と特別活動の間に相関関係があることは間違いないということです。学習指導要領の改訂に当たって、平成二四年度学習指導要領実施状況調査が行われました。そのペーパーテスト調査と質問紙調査のクロス集計（平成三〇年三月公表）によれば、特別活動に関する質問紙調査に肯定的に回答した子供だけでなく、肯定的に回答した教師の学級の平均正答率がすべての教科で高いことがわかっています。特別活動と学力の相関関係がデータではっきり示されたことは意義深いと思います。質問紙調査結果の概要では、「特別活動を通したよりよい生活や人間関係づくりは、受容的な雰囲気や学校生活への目標を達成しようとする意欲や態度を醸成し、学力と相互に関係していると考えられる」と結論付けられています。実は遠回りをするようでいて、特別活動の積極的な導入は学力向上の近道だと思います。

杉田　当時、特別活動担当教科調査官として、多くの特別活動研究校に関わる中で、稲垣先生の学校のように、実際に例外なく学力向上への効果が顕著であったことから、特別活動と学力との関係を全国に発信すべきと考えました。ともすると、新しいことには注目するが、古いことへの関心は冷めやすい傾向がある日本の教育界において、時代が変わって変えなければならないこともあるが、時代を超えて変えてはならないものがあることもしっかりと発信していく必要があると感じたからです。しかし、そうするためには、いくつかの高いハードルがありました。

まず、これまでの特別活動の学習指導要領実施状況調査は、学校ごとに各活動を何時間実施したのか、目標の達成状況はどうだったかなどについて特別活動主任が回答するようなものだったからです。それを、各活動の具体的な取組と効果を児童生徒がどのように感じているのかを把握するための児童生徒の質問紙調査に変えることにしました。また、個々の児童生徒の意識調査の回答の平均値を出すことで、その学級の児童生徒の特別活動への取組状況(よりよい人間関係や生活を築こうとする態度)の学級差を割り出すことにし、その上で、その数値と学級としての学力の平均値をクロス集計することにしました。併せて、学級担任の指導状況の認識を問うことで、教師の特別活動への取組の熱心さと学力の関係も明らかにしたいと考えました。

調査項目の決定から、調査結果の分析までには、とてつもなく多くの時間がかかりました。何度も分析委員会を開催し、大学の研究者や統計の専門家も交え、数字の妥当性などにも配慮しながら、先ほど稲垣先生がおっしゃったような結果を見いだすこ

学力向上と特別活動

【OECD による「生徒の学習到達度調査（PISA2003）」】

① 違いや多様性を超えて、合意形成する言語能力を育てます。

② 受容的かつ協力的で自主的、実践的な態度を目指すことで学習によい影響を与えます。

③ 自発的、自治的なよりよい生活づくり、人間的な触れ合いを基盤とした取組、切磋琢磨できるよりよい人間関係、学びに向かう集団づくりを可能にします。

「学級会などの時間に友達同士で話し合って学級のきまりなどを決めていると思う」と肯定的に回答している子供がすべての教科で平均正答率が高い傾向にあることが発表されています。
（H27 全国学力・学習状況調査質問紙調査）

学力向上と特別活動

とができたのです。残念だったのは、結果が出てからその公表に三年もかかってしまったということでした。

ただ、この結果は、少なからず学習指導要領特別活動編において、特別活動と学級経営との関係の記述や通称『緑本』の小学校特別活動指導資料『みんなで、よりよい学級・学校生活をつくる特別活動』（国立教育政策研究所／平成三〇年版）の記述に生かされ、反映できたという点では、よかったのではないかと思っています。

今後の課題は、「学級集団の育成が大事だ」という認識はすべての教師に認識されていながら、必ずしも「だから特別活動が重要だ」となっていない現状をいかに打破できるかということだと思っています。

◆特別活動の魅力は、学校が楽しくなること

稲垣　学校管理職が特別活動の理念を理解し、実践の重要性を改めて認識することが求められると思います。新任校長の研修会を担当したことがありますが、そのときに感じたことは学校管理職として服務管理に関する視点が注視されるあまり、一人一人の教

職員のよさを引き出すという視点が弱くなっていないかということでした。学級担任として子供たち一人一人を生かし、学級集団として学級づくりをしてきた学級経営の視点を、校長として学校経営に生かしていくことが必要なのではないかと感じました。

最も大きなことは、教師が子供を思うようにさせたいという認識が学校には根強くあるということです。教師に言われた通りに行動できるいい子をつくりたい、きちんと椅子に座って静かに勉強できる子供をつくりたいという気持ちがなかなか抜けない。子供たちが自分たちの力でよりよい学校をつくろうという雰囲気に変えたいと思っても、教師のこれまでの子供に対する認識が大きな壁になります。まだまだ多くの学校では、子供たちの思いや願いを生かすような学校をつくろうという風土が非常に希薄であると思います。

私は、森繁久彌さんの舞台でのエピソード「痛恨の思い出」とされる話の中に教師の在り方を見直す視点があるのではないかと感じています。それは、昭和の名舞台の一つ「屋根の上のヴァイオリン弾き」で九〇〇回そのステージに主役テヴィエとして立ち続けた森繁さんが、地方公演で自分を見つめ直したという話です。最前列で初めから終わりまで下を向いて居眠りをしていたように見える少女がいたそうです。演じていて不快になった森繁さんたちは、彼女のそばで、わざと声を張り上げ、床を強く踏み鳴らし「起きろ」と言わんばかりに芝居をしたということです。実は、その観客の少女は盲目で、曲と台詞から舞台や役者の表情をイメージしながら一心に聴いていたことを森繁さんはカーテンコールのときに初めて知りました。「なぜ、気付かなかったんだ」と自らの思いの浅はかさに改めて気付かされ、心で泣いたというエピソードです。子供たちのよりよい成長を支援していく教師にも共通する話のように感じます。私は、さまざまな研究授業を拝見し、授業者や参観者と研究協議をする中で、よく話す言葉があります。それは、「先生方、もう一度、子供の席に座って、子供の立場になってよりよい授業を考えてみませんか」と。

２０１９年度末の卒業前に、六年生の子供たちが「日本一誇れる僕たちの学校」と記して私に感謝状を作成してくれました。そういう学校にしてくれた教職員、子供たちと同じ学校の一員であったことを誇りに感じながら、校長を退職できたことに心から感謝しています。

◆教育委員会が本気になったら、一気に根づく

杉田

高知県教育委員会は、数年前から積極的な生徒指導の充実策の中心に特別活動を据えることを決めました。対処的な生徒指導は組織的に行えますが、積極的な生徒指導は、時間の保障のない理念的な指導になってしまったり、それが学級担任任せになってしまったりしていたからです。

学習指導要領に内容が示されている学級活動を中心に取り上げたことで、全教職員が「何をすればよいか」が明確になり、授業を通して共通に取り組めるようになりました。授業研究会などの定期的な実施により、互いの指導法を参考にし合ったり、力量を高め合ったりすることもできるようになりました。チームとして研究がやりやすくなったのです。また、授業時数が確保されており、誰もが確実に実施できることも利点でした。子供たちの自主的な活動を基盤に据えて、児童会・生徒会活動や学校行事において、児童生徒によるよりよい学校づくりを活性化できるような活動や日常の教科指導の充実にも発展していきました。

また、自己実現（自己決定の場を与える）、人間関係形成（共感的な人間関係を築く）、

社会参画（自己存在感を与える）のように、特別活動が育成を目指す資質・能力と生徒指導の三機能を関連させて捉えることにより、共通のなすべきことが明確になり、学びに向かう集団が育ち、いじめ等の問題を早期発見・早期解消できるような土壌づくりも確実に行えるようになったのです。

ここ数年間で、次ページのようなリーフレットの研究に、延べ九校の指定校が取り組み、どの学校も確実に成果を上げています。その成果は、近隣の学校の特別活動への関心を急速に高め、多くの学校で自校の取組に生かそうとする試みも始まっています。教育委員会が本気になると、これほどまでに劇的に普及するのだと改めて驚いています。

ちなみに、普及の兆しが感じられるエピソードとして…

■研修依頼の増加・普及の場の充実
・学校単位だけでなく、市教研からも
・県教委、教育事務所、推進リーダー（加配教員）への講師依頼

■実践資料提供の依頼が増加
・指導案
・学級会運営グッズ
・授業動画

■指定小学校の実践を受けた小中連携
・長岡小の校区中学校では、長岡小から進め方を学び、中学校でも授業実践。（本年度の研究授業も学級活動で実践予定）

■地教委の協力や姿勢（地教委も必要感を感じている）
・公開授業研修会への積極的な参加体制（管内教職員への働きかけ）
・地教委が主体となった特別活動の充実
・（杉田教授への講演依頼や積極的な県外視察）

高知県教育委員会より

夢・志を育む学級運営のための実践研究事業（特別活動）

特別活動は生徒指導の中核的な時間です

なすことによって学ぶ　～生徒指導の観点から～

児童生徒が学校生活上の諸問題を積極的に見いだし、自主的に解決できるようにするために、一人一人の思いや願いを生かし、話合いを繰り返す過程で、望ましい集団活動の方法や実践的な態度を身に付けていくようにさせることが重要です。
（生徒指導提要より）

＊　学級活動で育てたい力　＊

（1）学級や学校における生活づくりへの参画
→ 合意形成（少数意見も大切にしながら、折り合いをつける力）

（2）日常の生活や学習への適応と自己の成長及び健康安全
（3）一人一人のキャリア形成と自己実現
→ 個人目標の意思決定（具体的な実践方法やめあてを決めて取り組む力）

学級活動(1)及び(2)・(3)のプロセスを全学級で統一

場面が変わっても、学年が上がっても、同じプロセスを使って課題解決することで、育てたい力を効果的に高めます。

～指定校の実践より～
課題解決の力の積み上げ

例：学級活動(1)のプロセス

話合い～合意形成（学級会）

問題の発見・議題の決定 → 解決方法の話合い → 解決方法の決定（合意形成） → 決めたことの実践・ふり返り → 次の課題解決へ

（話合い：出し合う／比べ合う／まとめる）

自分の意見を言いたい！（土佐市立高岡第一小学校）

学級活動（1）のポイント
小学校低学年では…
★　全体に聞こえるような声で発言できる
★　発言している人の顔を見て聞くことができる
★　意見の決め方を理解できる 等

学級活動（1）のポイント　中学校では…
★　事前の活動や指導を丁寧に進め、決まったことの実践化を重視する
★　小学校で身に付けた話合いの経験を生かせるようにする

学級活動は学級経営の要です！

聞いてくれて嬉しい！考えが広がった！（土佐市立高岡第一小学校）

学級活動（1）のポイント　小学校高学年では…
★　他者に理解してもらうために、具体的な経験に基づいた建設的な意見が言える
★　実践後に活動をふり返る時間を設け、次の活動に生かすことができる 等

学級活動（1）のポイント　小学校中学年では…
★　提案理由や学級の目標等を踏まえながら、発言できる
★　決まったことは素直に受け入れて、みんなで協力して実践できる 等

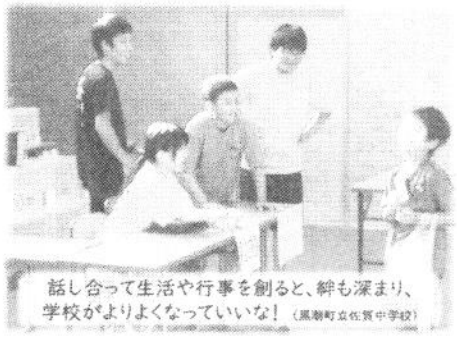
話し合って生活や行事を創ると、絆も深まり、学校がよりよくなっていいな！（黒潮町立佐賀中学校）

✔《チェック》　学級の様子を確認してみましょう

- □ 学級活動が教師主体になっていませんか？
- □「体験あって、学びなし」体験や学びがその場限りになっていませんか？
- □ 学級のルールが、教師の決めたものばかりになっていませんか？

提案理由を大切に、「私たちは」を主語に意見をまとめよう！（南国市立長岡小学校）

思考を可視化・構造化する「意見ボード」を活用することで、整理して考える力を育みます。（黒潮町立佐賀中学校）

～組織的な取組を推進する～　**模擬学級活動**

教職員も課題解決に向けて話し合い

実際に、教職員で学級活動(1)を体験しながら、話合いの流れを確認しました。意見が広がったときには、議題や提案理由、話合いの枠（条件）に立ち返ることなど、体験してみて分かることも多くありました。

日頃、実践を進めながら悩んでいることを共有したり、話合いツールの使い方などを確認したりする場にもなり、組織的な取組のベクトルを揃える機会にもなりました。

大人も合意形成は難しいことを実感！（南国市立長岡小学校）

参考文献：新学習指導要領の展開（小学校　特別活動編）杉田　洋　編著、学級・学校生活をつくる特別活動（小学校編）・学級・学校文化を創る特別活動（中学校編）文部科学省・国立教育政策研究所教育課程研究センター

第2章 特別活動は自尊感情を高め、自己実現を図る

◆自尊感情は、二層構造からなる

稲垣一

子供の自尊感情を高めるには、教師の適切な指導が不可欠です。まずは、校長の学校経営として不可欠なのは、特別支援教育を学校の中核に据えるということです。障害のある子供たちが、のびのびと生活し、いきいきと活動できる学校でなければ、子供たちにとって幸せな学校になりえません。仮に障害のある子供たちへの偏見や差別が学校内にあるとすれば、学校経営、学級経営の根本から見直す必要があるでしょう。学級経営においても、学力の低位な子供や運動の得意でない子供などが、学級内で恥をかかされたり、嫌な思いをさせられたりすることのないようにするということで

す。そのためには、特に初等教育においては、特別なリーダーを育てるという考え方ではなく、どの子供にもリーダーシップを発揮できる場面を設定することが求められると思います。いわゆる「場面リーダー制」の活用です。人を支える経験をして初めて、支えられる側に必要となることも体感できるものです。私は、学校経営の一つとして、どの子も活躍できる場面の設定を掲げて全学級でそれに取り組むようにしました。

例えば、生活班の中に「朝の会、給食、清掃、帰りの会」の各場面でのリーダーを置き、リーダーを交代しながら全員がリーダーシップを発揮する場面を取り入れてきました。その成果もあり、どの学級も子供同士が支え合って学校生活を送ることができ、誰もが大切にされる学級経営がなされていたように感じました。そのことが子供たち一人一人の自己肯定感を高め、温かな雰囲気の中で豊かな学校文化の創造に大きな影響を与えたと思います。

この「自己肯定感」については、子供が集団にあって自分の存在を信じ、自己を肯定する感情であることから「自尊感情」とも言われ、反対語としては「自己否定感」となります。学級がうまく機能しない状況の場合には、子供の中に「でも」「どうせ」「できない」などの否定的な言葉が飛び交うことが多く見られます。人は、誤解され、否定されることに不安感を覚え、理解され、認められることに安心感を抱きます。

この「自己肯定感」を高めるためには、自分が有用な存在と思える「自己有用感」が大切な感情となります。「自己有用感」は、他者との関係で自分が誰かの役に立っている、貢献していると認識できるときに起きる感情ですから、子供が相互に関わる活動の重要性を改めて認識していく必要があると思います。学習指導要領総則に示された学級経営の充実に関しての次の記載は、まさにこのことを示唆しています。

「学習や生活の基盤として、教師と児童との信頼関係及び児童相互のよりよい人間関係を育てるため、日頃から学級経営の充実を図ること」。中でも、子供同士が活動を通して関わり合い、よりよい人間関係を構築することに大きく寄与する特別活動の実践は、今後さらに重視されるべきものであると思います。

杉田

平成二〇年の学習指導要領の改訂時における教育課程部会「豊かな心をはぐくむ教育の在り方に関する専門部会」では、「健全な」を付けて「健全な自尊感情」という言葉が使われました。その理由は、自尊感情は、「わがまま」と「うぬぼれ」と紙一重だからとのことです。例えば、非社会的な団体の構成員も自尊感情は高いのです。また、周りを顧みず、「自分のやりたいことをやってなぜ悪い」というような若者が増えることも望ましいことではありません。つまり、社会が認めるような健全な自尊感情の育成が求められたのです。

自尊感情については、古くから研究対象となっており、近年では、その質的側面から、二層構造で捉える人もいるようです。「生まれてきてよかった」「自分に価値がある」「このままでいい」「自分は自分」と思える基本的自尊感情（ここでは「E」とします）が土台にあり、その上に「できることがある」「役に立つ」「価値がある」「人より優れている」と思える社会的自尊感情（ここでは「I」とします）が乗っているというような考え方です。

基本的自尊感情とは、他者との比較ではなく、絶対的かつ無条件で、根源的で永続性のある感情で「根源的自尊感情」と呼ぶ人もいます。これが弱いと自分自身の命の大切さに確信がもてないのだそうです。一方、社会的自尊感情とは、他者と比較して得られるものであり、相対的、条件的、表面的で際限がなく、「顕在的自尊感情」とも呼ばれる一過性の感情です。

自分自身を認められない上に、他者からも評価されていると感じられないe・i（どちらも小さい）タイプは、生きることに意欲的になれず、非健康的になりやすいとも言われています。その逆の、ＥＩ（どちらも高い）タイプは、積極的に仕事もこなし、健康にもよい影響を及ぼすとも言われています。また、社会的自尊感情は低くても、基本が揺るぎないＥｉタイプは、努力次第で大きく成果を上げることができるようです。一方、他者との比較で得られる社会的自尊感情だけが高いｅＩタイプは、所属した集団や相手によって、極端に小さくなってしまうのだそうです。そう考えると、基本的な自尊感情の育成が大事なのだと思っています。

稲垣　世界的に見ても日本の若者の自己肯定感は低いです。２０１３年に内閣府が発表した意識調査によれば、「私は、自分自身に満足している」（そう思うと回答した割合）は七か国では、1位アメリカ46・2％、2位イギリス39・8％、3位フランス30・9％、4位韓国29・7％、5位ドイツ29・1％、6位スウェーデン21・3％、7位日本7・5％という結果で、日本は最下位という現状が見られます。日本人の「自分に厳しく、他人にやさしく」といった生き方など、自らを律していくという文化的な風土があるにしても、自己肯定感を高めていくことは、これからの教育に課せられた課題の一つであることは否めません。

杉田　都合よく捉えれば、日本人は「奥ゆかしくて控えめ」とも言えるかもしれません。

既存の調査結果の分析からみる自己肯定感の要因分析

※教育再生実行会議（H28.10.28）の文部科学省作成資料

分析結果　学力と自己肯定感の関係

各教科の正答率が低い児童生徒ほど「自分には、よいところがある」と回答した割合が低い。

分析結果　達成感、意欲等に関する子供の意識と自己肯定感との関係

達成感を感じたり、意欲的な意識等が低い児童生徒ほど「自分には、よいところがある」「今の自分が好きだ」と回答した割合が低い。

分析結果　規範意識と自己肯定感との関係

ルールを守るなどの規範意識の低い児童生徒ほど「自分には、よいところがある」「今の自分が好きだ」と回答した割合が低い。

分析結果　社会・地域に対する意識と自己肯定感との関係

社会・地域に対して否定的な意識をもつ生徒ほど「自分自身に満足している」と回答した割合が低い。

既存の調査結果の分析からみる自己肯定感の要因分析

むしろ心配なのは、ｅＩタイプの優秀な若者がある日突然、頑張ろうとする心がポキッと折れ、仕事をやめてしまったり、自ら命を絶ってしまったりすることがあるということです。その原因は明らかではありませんが、競争的な優位性としての社会的自尊感情だけで生きてきた若者が、もっと上の存在にぶつかったり、競争で勝ち得てきた自尊感情が通用しなくなったりして挫折してしまうようなことが、その一因になっているのかもしれません。

それが、日本の「村八分」と言われるような社会風土、日本の学校の中にある比較で人を褒めて動かそうとする教師のやり方などに原因があるとしたら、それはとても不幸なことだと思っています。その点では、学校で行われる各種の集団活動は「両刃の剣」とも言えます。

かつてより集団活動を特質としてきた特別活動においては、このような課題も踏まえ、学習指導要領において、「望ましい集団活動を通して」（現行では「よさや可能性を発揮しながら…」）を目標に掲げてきたことの重みを改めて感じています。競争的で、集団によって個が否定されたり、排斥されたりすることがないような「個を生かす集団活動」を求め続けてきた特別活動の指導理念は、もっと多くの教師に共有して

もらいたいものです、

稲垣　改めて、集団を対象として教育活動を展開する特別活動の正しい理念を実践として具現化することの大切さを感じます。同じ議題で学級会を実践しても、少数意見のよさを尊重せずに、多数決等で単に数の多い意見に決めていくということでは個が集団に埋没してしまうことになります。ある学級会を参観した折、「この反対意見を解決する方法はありませんか」と司会の子供が話していました。そして、学級の担任は、子供たちに「反対意見は、賛成意見の否定ではありません」と指導していたと聞きました。自分と異なる他者の考えや異質なものを受け入れないという考え方や、自分と異なる他者の考え方を否定的に見るような環境の中では、「みんな違って、みんないい」と思えるようにならないということです。まさに、学級会での話し合いで大切にしている合意形成のキーワードでもある「自分もよく、みんなもよい」という視点が大切になります。

杉田　国立教育政策研究所生徒指導・進路指導研究センターが発刊している『生徒指導リーフ18号』では、「『自尊感情』?・それとも『自己有用感』?」というテーマについて特集されたことがあります。その中で、「他者を前提としない自己評価は、社会性に結びつかない」とし、「自己有用感」に裏付けられた「自尊感情」が大切と述べています。すなわち、単なるうぬぼれではなく、他者から認められ必要とされることを根拠にした自分への自信がもてるようにすることが大事だというのです。自己有用感は他者決定によって得られるという特性があるので、そこには、認め合い、励まし合い、許し合えるようなポジティブな社会としての学級や学校が必要になります。その際、特別活動は、まさに子供たちに、よりよい学級や学校の形成者としてのエンゲージメントを向上させ、個を育て、集団も育てる活動を通して、大きな役割を果たすのです。

◆日本の集団性の高さは?

杉田　日本には、「村文化」を引きずっているような排他的な集団性の高さがあります。そのような考え方は、全体主義的な国家には受け入れられても、個性重視を大事にする欧米諸国からは否定的に受け止められる傾向があります。運動会の組体操や全員同じ距離を走らせるマラソン大会は、その象徴です。その点で、海外に特別活動を広く理解をしてもらう上で、国内的には日本の集団づくりの負の部分を薄め、個を生かす集団活動という考え方に基づいた学級づくりや特別活動等の指導改善を実現していくことが喫緊の課題です。また、海外には、特別活動における個と集団の関係の在り方をいかにうまく伝えていくのか、日本の特別活動をそのまま模倣するのではなく、その国の考え方に即していかに現地化していくかが課題になります。

稲垣　集団性については、杉田先生もよく同調圧力とおっしゃるけれども、集団の中には目に見えない圧力がどうしても存在します。それに注意しなければならないと思います。ちょっとした、「あいつ、何だよ」というような子供の言葉を、教師が見逃してしまうようだと学級づくりはうまくいきません。同調圧力について私は、指導の際に先行研究としてアッシュ（Asch,S.）の実験を引用して話します。アッシュは、七〜八人の集団に対して、標準線と比較線を同時に見せて、三本の比較線のどれが標準線と同じ長さであるかを、人前で判断させました。ただし、一人を除く他のすべての成員はサクラで、あらかじめ実験者と打ち合わせをしておき、実験では正しくない判断にどれだけ同調、あるいは独立を示すかを見ました。これを一二三人の被験者に一二試行ずつ行ったところ、全判断数のうち、三七％が明らかに正しくない多数のサクラの意見に同調したことを報告しています。これに対し、互いに他人の意見を知らずに、自分の判断のみを求めた統制条件では判断の誤りは全然存在しなかったことから、集団内での同調圧力が驚くほど強く働いていることがわかったわけです。このような集団内での同調圧力については、学校全体についても同様だと思います。だからこそ、個を集団に埋没させてしまう同調圧力のようなものをなくしながら、支え合う学級や学校生活づくりを目指したいところです。

杉田

日本には、「足並みを揃える」「空気を読む」など、集団性を強く求める傾向があります。それは、ある意味、ある一定の型に子供を収めて、みんなで同じことができるようにする学級づくりが横行した原因の一つになってきました。かつては、朝会での整列の美しさを競うような傾向もありました。また、悪いことをしたら皆の前で「見せしめ」のような叱りも頻繁に行われてきました。宿題を忘れた子供の名札を掲示する、問題を起こした子供の反省文を貼り出すなどはその例です。中には、「宿題を忘れたら給食のおかわり禁止」などの調教的なやり方をする先生もいます。実際、私が小学生のころは、「僕は宿題を忘れました」と、書かれた札を首から下げて学校中を歩かされたこともありました。

また、集団内の競争心を利用して意欲化を図ろうとする取組も多く見られます。読

稲垣

書量を棒グラフにし、そのグラフが天井まで伸びている子供とほとんど伸びていない子供を一緒に掲示したり、掃除を名人から見習いにまで分けてランキングして掲示したりするような方法はその例です。このようなことはしていないというような教師でも、この班が一番に終わった、この列はとても姿勢がいいなどのような競争を前提とした褒め方は、多くの先生がしています。

つまり、強すぎる集団性や集団内の競争を安易に利用した「比較による称賛」や「見せしめ」的な指導は、違いを排除する風土をつくり、結果として障害のある子供たちなどが住みにくい社会にしてしまっているのです。いじめとは、「違いを排除する行為」ですから、いじめが起きやすい要因の一つにもなっているとも考えられます。

ある学校の特別活動主任の言葉が学校全体の空気を変えたという実践があります。その特別活動主任の四年生の学級では、言語に障害のあるKくんが代表委員となりました。Kくんは、いつも笑顔で友達に接し、学習面でも最後まで諦めないで取り組む姿が見られ、学級の誰からも親しまれていました。そんなKくんが代表委員に立候補したとき、学級の誰もが大きな拍手を送りました。しかし、Kくんには言語に障害があり、彼の言っている言葉はなかなか聞き手には理解できにくいという状況がありました。学級での代表委員は男女一名ずつとなっていました。もう一人の代表委員である女子は、「Kくんの言葉のことは大丈夫です。私も代表委員会に行くので、一緒に頑張ります」と言っていました。

ある代表委員会で児童集会の役割を分担しました。そのとき、Kくんは「終わりの言葉」を担当することになっていました。しかし、Kくんの言葉を、全校の子供たちは聞き取ることができません。六年生の代表委員が、「僕がKくんの言ったことをもう一度言うので大丈夫です」と言いました。その後、この特別活動主任は、全教職員に今回の児童集会での終わりの言葉の担当者であるKくんの状況について話し、「全校の子供たちがKくんの発表を絶対に笑わないように指導をしてほしい」と情熱を込めて依頼しました。

当日の児童集会でKくんは、精いっぱい終わりの言葉を発表しました。六年生の代表委員が、「今、Kくんは『これで児童集会を終わりにします』と一生懸命に発表しました」と話しました。そのとき、誰一人笑うような子供はなく、会場から子供たち全員の万雷の拍手が送られたのです。児童会を担当していた特別活動主任は頬を伝う熱い涙を感じながら、特別活動で学校の空気を変えることができると確信しました（実は、この特別活動主任は若かりしころの私です)。

◆特別支援教育と特別活動

杉田　広島大学の若松昭彦教授は、特別支援教育と特別活動の連携について関心をもち、私の講演会に度々参加されたり、多くの特別活動の実践を参観されたりしています。そして、「配慮が必要な児童をインクルーシブする学級活動の実践―学級という『小社会』を創造する資質・能力の育成―」や「学級活動における児童の役割とエンゲージメントの関連―小学校低学年と高学年の事例検討を通して―」と題して、研究論文も発表されています。

その中で、各学年に応じたリーダーとしての資質・能力、各学年に応じたフォロワーとしての資質・能力の育成が重要だとしています。また、この二つを合わせたメンバーシップとしての資質・能力を育て、重ねて多様性を認めるという資質・能力を育てていくことが、将来的に、「全員参画型社会」や「一億総活躍社会」の実現につながるのではないかと述べています。また、そのためには、障害の有無に関わらず、すべての子供たちが役割を与えられ、自分の行ったことに対して正当に評価されることを通して自己有用感を高め、居場所を感じられる学級づくりをしていくことが学級担任としての責務だとしています。友達から認められることで自尊感情が芽生え、社会を肯定的に受け入れ、社会に参画していこうとする意志が生まれるからです。今後、特別支援教育に果たす特別活動の役割について、さらなる研究の深化が必要不可欠だと考えています。

稲垣

発達障害等、学級の中で困難さを抱えている子が平均してクラスに一割程度いるという報告があります。そういう状況の中で、どう学級経営をマネジメントしていくかが担任の教師に求められています。私も担任の時代に、前年度にクラスが荒れていたというクラスをいくつも受け持ってきました。今でも忘れられないのが、「先生、もう怒らなくていい。私たちが何とかする」という言葉でした。当時、ADHDという言葉は耳にしていませんが、とても情緒が不安定な子がいて、その子のことを僕たちが何とかすると言ってくれたわけです。私も、若いときは力で抑えようとしたことも多々ありました。対症療法も必要ですし、教育相談的な手法も大事でしょう。でも、教師がいくら子供を厳しく指導したとしても、問題は子供の中で起こっていて、子供の中で子供たちが問題を解決しないと、クラスはなかなか成長しないと思います。だから、子供同士の関わりを深めていくような仕組みを取り入れていくことが必要だと私は思っています。子供たちが自分たちの問題を自分たちの力で解決することができるような学級経営、特別活動の実践をしなければ、子供は誰もが自分の考えを主張できるようにならないし、本当の問題解決に至らないというのが私の経験則です。

その子は横浜の小学校に転校しましたが、転校先の学校の朝会終了後、教室に戻るときに、上履きを履いたまま私のクラスに戻ってきました。「先生、やっぱ、俺のクラスはここだった」と言って。これは別に私の指導がどうというのではなくて、子供たち同士のつながりが深かったのだと思います。子供たちはその子を大事にしていたから、そのクラスが自分の居場所だったのでしょう。同じ公立の学校なのに、その子は転校先ではとても受け入れられなかったようです。実は、このクラスの子供たちは、私にとっては、教師生活の中でも大変なクラスの子供たちでした。しかし、私の定年退職最終日の三月三一日の夜、このときのクラスの多くの子供たちが、私が五、六年と担任した小学校時代の思い出を、心温まるメッセージに記してメールを送ってくれました。

◆競争することの是非

稲垣　先ほど、杉田先生が特別活動は、「ポジティブな社会としての学級や学校がつくれる」と話されましたが、まだ学校の中には、子供たちが主体となって学校教育を運営するということを足元から崩してしまうような文化や手法がいっぱい残っていると思います。もちろん日本の文化のすばらしい部分も残っていますが、ネガティブな習慣だなと感じるのは、先ほどちょっと杉田先生が言及されたけれど、競争させることによって子供たちの意欲を喚起しようというものは、相変わらず学校の中に多くあると思います。そのために子供が序列意識をもったり、仲間意識が希薄になってしまったりしてしまうことは極めて多いと思います。だから、そういうものを一つ一つ改善していくというか、指摘し続けていかないと、学校はなかなか変わらないのではないかと思っています。

例えば、生徒指導の一環として挨拶運動をすることがあります。中には、「今日はどのクラスが一番よくできました」と放送で発表する学校がありました。残念ながら私が校長として赴任した学校にそれがありました。いったい何をしているのかと思いました。他には、一人一人が読んだ本の冊数を平気で教室に提示するということや、帰りの会で「今日のＭＶＰ」と題して発表するといったことも結構行われています。一人一人の子供の立場になったら、どのように子供たちが感じるのかということを改めて考えてもらいたいと担任には話しました。例えば、「今日の日直が頑張ったこと」を発表するというのであれば、全員の子供を取り上げることができますが、いつも頑張った特定の子供だけが称賛されるという活動を展開すると、クラスでいつも称賛されることのない子供が固定化され、中には排斥される子供が出てくるようになります。一部の子供だけがいいのではなく、すべての子供たちを守っていくのが学校ですから、それでは子供が幸せにはなれないと思います。「幸せ」の語源は、「為（な）し合わせ」と言われます。相手が喜ぶことを「為し合う」ことによって、人は本当の幸せを感じることができるということです。そのためには、どの子供たちも活躍できるような場面を設定していくことが求められます。このように職員に話をしていくと、「全員の子供たちが取り上げられるようにしたい」と教師も考え直してくれました。このような視点からも、学級会の計画委員は輪番制になっているのだと思います。

私たちのような世代だけでなく、多くの教師が「競争原理」を中心にして子供の意欲を喚起するという教育を受けてきているので、なかなかイメージが変わらないのだと思います。だから、学校の中にまだ文化としてそれが非常に根強く残っているのだと思います。競争によって子供の意欲を喚起するという考え方から、子供たちが支え合いながら協働によって意欲を喚起する考え方へと視点を大きく転換していかないと、学校はなかなか変わらないと思います。競争によって、子供たちが学ぶことはたくさんあります。そして、私は競争を否定しません。学校生活だからこそ、競争によって磨き合い、高め合うことができるものと思います。ただ、競争原理の取り入れ方が問題なのだと思います。校長としては、教師がどの子供のよさにも目を向け、あの子がこんなことができるのかというような考え方を根気強く浸透させていくということだと思います。私は、職員に「すべては子供たちのために、すべての子供たちのために」と言い続けて学校経営を推進してきました。

杉田

競争をすべて否定する必要はありません。現実の社会には競争があるし、ライバルと切磋琢磨することも大切なことです。ただし、そのために、「競争」を目的化したり、競争した結果を第一義とするような指導によって、個が否定されたり、排斥されたりすることにつながるようなことは悲劇的なことです。違いや多様性を前提としつつ、一人一人がその子なりの頑張りや努力が認められることを第一義と捉え、集団や社会の形成者としての見方・考え方を前提とした適度な競争は、むしろ積極的に経験させたいことです。

稲垣

私も、目的と目標を履き違えてはいけないと教師に指導していました。ある中学校の合唱祭に行ったら、優勝したクラスの歓声より、最下位のクラスの歓声の方が大きかったと聞きました。優勝したクラスは、上手に歌える子を中心として競争に勝ち抜くことしか頭になかったのでしょう。最下位になったクラスには私の学校の卒業生がいましたが、まさにクラス全員の歓声が上がるクラスだったようです。目的と目標を混同している教師がいるからおかしくなるのだと思います。どのような教育活動においても、何のためにその活動をやっているかという目的を明確にできるように指導するのが校長の大切な役割であると思います。校長職には、さまざまな責務がありますが、「学校の方向性」を常に見誤らないこと、そして「教職員の人材育成」が、不可欠なことであると考えています。

◆自己実現とは何か

稲垣　自己実現という言葉は、特別活動で育成すべき資質・能力の視点や新設された学級活動(3)などに見られることから、学校において特に注視されている言葉です。自己実現とはどういうものかという認識やイメージがある程度教師にないと、なかなか理解が進まないと思います。自己実現というと、杉田先生がよく講演の中で使われているマズローの欲求段階説があります。この説は、人間の欲求には五つの段階があるとする説で、すべて正しいかどうかはわかりませんが、生理的な欲求、安全の欲求や社会的な欲求などという基本的な欲求が満たされて初めて自己実現の欲求が現れるという考え方です。自己実現という概念については、どのようにお考えですか。

杉田　特別活動の学習指導要領に「自己実現」という言葉を使うことについて、教育課程部会の議論の中で、マズローが提唱する個人的な言葉をそのまま使うべきではないという意見もあり、当初は「自己の実現」としていました。しかし、最終的には、一般的定義として「自己実現」とした経緯があります。

私は、個人的に、自己実現は、「なりたい自分を目指し、自分らしく生きること」、

稲垣

社会参画は、「集団や社会の形成者としての役割を果たしながら生きること」、人間関係形成は、「違いや多様性を超え、多様な人々と共に生きること」と表して、これらを人間としての生き方の三原則として説明しています。

そう考えたら、この三つは、それぞれが単独に成立するものではありません。すなわち、みんなが、ただ単に自分らしく生きられたら迷惑なことです。だから、自分らしく生きつつも、職場や地域など社会の形成者としての役割を果たしながら生き、人種や宗教や障害など違いを超えて共に生きていくことができるようにする必要があります。日本の全人教育は、このバランスと関係性を大事に育ててきたのだと考えています。

学校の中に自己実現を生かそうとすれば、子供が選択できる場面をもっと設けていく必要があると私は考えています。

コロンビア大学のシーナ・アイエンガー博士の「選択の科学」には、学校教育に生かせる選択の機会の重要性が示されています。生後四か月の乳児を対象とした実験では、乳児の手にひもを結わえ、それを引っ張ると心地よい音楽が流れるようにします。ひもを外し、同じ音楽が脈絡なく流れるようにすると乳児の顔が悲しげになり、怒り

選択の科学（シーナ・アイエンガー）

【高齢者介護施設での心理実験】

○ある階：職員が選んだ鉢植えを配り、水やりは職員、映画の予定も職員が選んだ。

○ある階：入居者が鉢植えを選び、水やりもし、映画を見る曜日も入居者が決めた。

《３週間後の調査》

○選択権なし
70%以上に、健康状態の悪化現象

○選択権あり
90%以上に、健康状態の改善現象

高齢者介護施設での心理実験

を露わにしたという結果が得られています。人間は自ら「選択したい」という欲求を生まれながらにしてもっているということです。脳の神経細胞は、受動的に与えられた情報よりも、能動的に選んだ情報により大きな反応を示すそうです。

また、高齢者介護施設での実験も衝撃的です。高齢者介護施設のある階では、教職員が選んだ鉢植えを配り、水やりも行い、映画の予定も職員が選ぶようにしました。別の階では、入居者が鉢植えを選び、水やりもし、映画を見る曜日も入居者が決めるという実験です。三週間後の調査結果では、「選択権なし」の階の高齢者には、70％以上に健康状態の悪化現象が見られ、「選択権あり」の階の高齢者には、90％以上に健康状態に改善現象が見られたという報告があります。

二つのうち一つ選ぶだけでも子供は自分で選択したと思いますから、すごくやる気になります。例えば、音読の暗唱を全校で行っている学校もあると思います。私の勤務した学校では、高学年の暗唱は校長が聞き、中学年は教頭、低学年は主幹教諭が聞くという分担で行っていました。しかし、以前はなかなか全員の子が暗唱をしに来なかったんです。ところが、暗唱する文章を自分で選んで暗唱するようにしたら、これをやりなさいと指示した場合と比べて、子供の意欲がまったく違っていました。校長室や職員室に来る子供の数が急増しました。また、持久走大会に向けた練習に挑戦するマラソンカードも三種類作成しました。校庭を五〇周、一〇〇周、一五〇周コースと作成し、どのカードを選んで挑戦してもよいことにしました。五〇周コースを何枚も挑戦する子、一五〇周コースをコツコツと色塗りしていくという子もいました。やはり、この取組も子供たちの活動意欲を大きく高めたものとなっていました。だから、自分で意思決定をするという取組をしたら、低学年の子供をはじめ、どの学年でも意欲をもって活動できるということを改めて実感した教育活動です。

昨今、指示待ちの子供が多いことが問題になっていますが、その原因は大人にあるのかもしれません。教師も保護者も何かと口を出し、指示命令をし、子供たちから見れば「他者決定」の嵐の中で生きているような感じかもしれません。しかし、他者決定による挑戦では、自己効力感は低いと言われています。やらされたことには、成果を実感しにくいということなのだと思います。例えば、ある子供が一方的に「今回の集会でリーダー役をしてみないか」と勧められたとします。それが本人の意思と同じであればいいのですが、もし無理やりさせたとしたら、もしうまくいかなければ、「だから、僕はやりたくなかった」と言うでしょう。しかし、子供が自分で「したい」と申

内発的動機論

【アメリカの心理学者「ハーロー」がサルに行った実験】

○サルは、知恵の輪を与えられると意欲的に取り組む。輪が解けたらエサをやるようにすると、輪を解くこととエサがもらえることを結び付けて考えるようになる。

○次に同じサルに輪が解けてもエサを与えないようにすると、今度は知恵の輪に見向きもしないようになる。

○つまり、エサを与えたことでサルが本来もっていた好奇心をなくしてしまった。サルより知的好奇心の高い人間にも外的賞罰を与えると、かえって自然な好奇心や意欲が奪われるというのが「内発的動機論」である。

○現代はもともと意欲のある人には賞罰を与えると意欲や好奇心を削いでしまうが、意欲や好奇心のない人には外的動機を与えるしかないというのが現状でもある。

ハーローの内発的動機論

し出たならば、たとえうまくいかず失敗しても、「先生、もう一回チャンスをください」と言うでしょう。そう考えると、自己実現で最も重要なのは、内発的動機付けに基づく意思決定なのです。

◆学級という集団だからこそ、自己を実現できる

杉田　学級対抗リレーには、走ることが不得意な子や足の遅い子も参加することになります。そんな子供は、教師の適切な指導があればこそ、皆からの励ましを受けながら学級の勝利のために懸命に頑張るようになります。ときには、足にハンディがある子供がリレーに参加する場合もあるでしょう。そんなとき、その子を外すのではなく一緒に頑張って一番を目指そうと話し合い、練習し、挑戦することは望ましい体験です。客観的に見れば絶対一番にはなれないことがわかっていても、そのことに挑戦しようとする子供たちの姿はけなげで、美しくもあります。前述したように、そこには、「競争」を「共創」に変えるような教師の適切な指導があったに違いありません。

一方で、悲しいことに、リレーで、バトンを落とした子がみんなからののしられる

というような光景を見ることがあります。失敗が否定され、結果を得た人だけが自己実現できるような社会は、よい社会とは言えません。どの子もそれぞれの自己実現を目指すことができ、それを互いに支え合い、失敗を許し合え、たとえ結果がうまくいかなくても、その取組や努力したこと自体やその過程が認め合えてこそ、真によい社会と言えるのだと思います。

稲垣 今の杉田先生のお話を聞いて思い出した話があります。朝会などで子供に話をするのが校長の大切な仕事の一つですが、あるとき、五年生の子供が「あの話が心に残った」と言ってくれたことがあります。

それはエジプトのクフ王のピラミッドの話で、話の概要は、多くのピラミッドは王から命じられてつくられたものだから、やがて朽ちてしまうけれども、クフ王のピラミッドは、無理やりやらされているのではなくて、みんながこの王様のためにという気持ちで心を込めてつくったものだから、いまだに原形をとどめているというものです。だから、きみたちはすばらしい学校をつくる主体者であるというような話です。子供たちにとっても、自分たちの力で自分たちの学校をつくるということの大切さを実感したようです。そして、もう一つのエピソードを紹介します。これは私が子供たちから学んだことです。

雨の日の朝、私は昇降口の傘立てのところに立っていました。そこに一年生が傘をさして登校し、昇降口で傘を丸めてひもをかけようとしていました。しかし、一年生なので、なかなかうまくひもをかけることができません。私が一年生の手伝いをしようと手を出したとき、六年生が私に次のように話しました。

「校長先生、私が少し手伝って、この子が自分でできるようにするので見ていてください」と。私は、ハッとしました。その六年生は途中まで傘を丸めてあげ、最後のひもかけは一年生が自分でできるまで待っていました。そして、一年生が自分でひもをかけたとき、「上手にできたね」と頭を撫でました。一年生は大好きな六年生から褒められたので、満面の笑みでした。私は六年生に向かって、「どうもありがとう。自分でできるようにすることが大事だよね。私はあなたに教えてもらいました。でも、どうしてこのように一年生にしてあげたの」と聞いたところ、「私も一年生のとき、大好きな六年生にやさしく教えてもらったから」と言いました。その学校は毎週水曜日に縦割り活動（異年齢集団活動）を伝統として行っている学校でした。この子供たちの温かな関わりは、まさに特別活動を主体とする異年齢集団活動を通した力であり、学校文化の表れであると痛感しました。

◆内発的な動機付けを生む手だて

稲垣　やはり自己実現については、内発的な動機付けが必要だと思います。飼育動物にエサをやるように、これができたらご褒美をあげるなどの外発的なやり方でなく、子供の内面からやろうと思えるような手だてを講じていかないと、なかなか自己実現に至るのは難しいですね。そのためには、教師の意識改革が求められます。私は、教職員に毎週月曜日「校長室だより」と題して、その一週間の教育活動への取り組み方や教育に関する格言等を記して配布してき

ました。その中に、子供たちが授業で発言できないのは、概ね次のような六つの理由があるので、その改善策を見いだすことが求められると提示しました。①恥ずかしいなど「自分自身の感情」によるもの、②笑われないかなど「相手に対する意識」によるもの、③誰も聞いてくれないなど「相手の行為や行動」によるもの、④言う気がしないなど「教材への関心度」によるもの、⑤問題がわからないなど「問題の理解困難」によるもの、⑥発表の仕方がわからないなど「表現技術の不足」によるもの、です。

いつも私が子供たちに言っていたのは、いい学校をつくるのは私たち教師ではなく、皆さんの力でいい学校をつくるのだからやりたいことがあったら、私でも、先生方でもいいので話しなさいということでした。毎年、五月の約一か月をかけて、「学校のリーダー六年生と校長との面談」という表題で、私が六年生一人一人と面談を行い、どんな学校にしたいかを聞きました。当然、実現できることもできないこともありますが、可能な範囲で、子供が実現できるようなことは実現させていたわけです。

例えば、小さなことかもしれませんが、長年、シャープペンシルやカラーマーカーといった文房具を学校に持ってこないという学校としてのきまりがありましたが、教科の新聞づくりやさまざまな活動に必要な場面があるとの子供たちの訴えを、教師の生徒指導部会にかけて改善したことがありました。また、雨の日に体育館で交代しながら遊びたいという子供の願いを教師の体育部会で検討して、計画的に実施できるようになりました。このように、ちょっとしたことかもしれませんが、子供たちが自分たちで自分たちの学校生活をよりよくしたいという意欲を喚起するきっかけになったのではないかと感じています。この面談は、たかだか一〇分程度の会話にすぎませんが、校長室で校長と一対一で話すことは、この子にとって生涯の宝の時間になることでしょうから、教職員には六年生と面談に入ったら、絶対に電話を取り次がないように、と言っていました。私は、校長として赴任した三校全部の学校でこの面談を行ってきました。

杉田　その前の四月には、どんなことをしたんですか。

稲垣　四月は、私が学級経営についての講話を短時間で行い、「子供との出会い」の大切さと具体的な出会いの演出方法、初日から一週間程度で行うべき指導内容について共通理解を図りました。特に学級目標の設定については、入学式、始業式の当日に校長名で、全学級の保護者に対して「このような○年生になってほしい」という思いや願いを記入してもらい、保護者と子供と教師の願いを盛り込んで学級目標を設定するようにしました。

また特別活動の実践として行ったのは、昼休みを週一回三〇分にしたことです。その時間は自由に何をしてもいいことにするけれども、やりたいことがあれば、「やりたいことボックス」に手紙を入れてくださいと、代表委員会が全校の子供に呼びかけるようにしました。それを児童会の子供たちが相談して、その三〇分にやりたいことをつくり上げていくという教育活動です。最初は特技発表会でした。クラシックダンスやフラダンスをみんなに見せたいという子が現れて、体育館で発表しました。次は怪談話集会。図書室にある多目的ルームを真っ暗にして、そこでお化けの話をするというだけのことですが、それがすごい人気でした。あとは下学年と六年生のドッジボール対決です。下学年が六年生に挑戦状を出したんです。いい勝負になるように、自分たちで特別なルールをつくっていました。この活動の様子は、地域のテレビでも放映されました。だから、「子供たちは「自分たちで楽しい学校をつくれる」ことから「僕たちの学校は日本一だ」と思っていたようです。自分たちで学校を変える、自分たちが学校を楽しくするという意識がものすごくありました。前に述べたように、「僕たちの思いを叶えてくれる学校だ」と卒業生が書いてくれたのも、そのせいかもしれません。子供が意欲をもって何かをしたいと思う仕掛けや、そのきっかけになる場を教師が設定しないと、なかなか内発的な意欲を引き出すことは難しいと思います。これは学級でも同じことだと思います。

杉田　それを最初にされたのは、新任校長として赴任された松山第二小学校でしたね。

稲垣　杉田先生に講演に来ていただいた学校です。私が校長として赴任した当時は、なかなか落ち着かない雰囲気で、当時はいわゆる荒れている学校でした。赴任して目の当たりにしたのは、教師の「おまえら、何やってんだ！」という怒鳴り声とそれに反発する子供の姿です。その繰り返し。だから、子供たちが自分たちでつくっていく学校にしないかぎり、学校は改革できないと思いました。そこがスタートだったんです。

　そのときの私の学校経営のキーワードは、「学校改革は『教師の意識改革、指導観の転換』」でした。また、「教師による『指示』から子供たち自身による『自主的な活動』へ」という視点を共有化することでした。さらに、「教師の『規制』から子供たち自身による『規律』へ」との視点を重視しました。学級会や授業の中では、「『形式的な活発さ』から子供同士が『かかわり合う活動』へ」という子供同士のよりよい関わりを大切に、根気強く教育実践を重ねました。四年後には、国立教育政策研究所の実践研究協力校として研究発表を行い、杉田先生にご講演をいただいたことを思い出します。全国から多くの参観者がありました。そのとき、ある学級の子供たちが私に、「校長先生、僕たちの日本一の学級会を見に来てください」と言った言葉が忘れられません。まさに特別活動の研究により、子供たちは自己有用感、自己肯定感を高め、自信と誇りを抱くようになったと思います。そのときの子供たちの学力の伸び率は、市内でも群を抜いていたことを記憶しています。

◆子供の自己実現の欲求を阻むもの

杉田　子供の自己実現の欲求を阻むものは何かと考えると、まず教師の資質の問題があると思います。学校の先生方の中には、小回りのきく、先生の言うことをよく聞く子にしつけようとする人がいます。そういう先生にとっては、自分が描いた筋書き通りに動かない子供は面倒な存在です。また、子供を横に並べて同じものさしで順位をつけるような評価観の先生も問題です。せっかく子供がチャレンジしても、結果が出ないと評価されないからです。自分はダメな人間だと思うようになり、頑張ることに消極的になってしまうという負の連鎖が起きてしまいます。

稲垣先生は子供同士の関わりを深めていくような仕組みをつくるとおっしゃいましたが、どんな仕組みをつくったのですか。

稲垣

例えば、グループ学習や係活動のやり方を改善しました。以前、グループ学習を全部テープに録音して分析したことがあります。一見すると、子供たちが一生懸命に話し合いをしていて、学習が深まっているように見えます。でも、その実態はひどいものでした。優秀な子が話し合いをリードして、教えてくれと言ってない子に無理やり教えるとか、質問はするけれど、わからないままで終わるとか、学び合いではない現状が明らかになりました。

社会的手抜きと呼ばれる「リンゲルマン現象」では、複数で仕事をするとその分だけ責任感が拡散するとされています。具体的には、一本のロープを一人で引っ張ったときの一人の力は、六三キロ、二人で引っ張ったときの一人の力は、五三キロ、八人で引っ張ったときの一人の力は三一キロという研究結果があります。

そこで、グループで話し合うときには、今日の司会は○○さん、今日の記録は○○さんと役割を明確にしました。グループの一人一人が順に発表して、その発表について質問し、グループでどのような傾向の意見が出たかをまとめたら、グループの発表者が発表して、その発表に対して必ず質問するなどの一連の流れを約束事として決めて、子供が学習に関わらざるをえないような仕組みや、どの子も活躍できるような場面を全クラスで意図的に取り入れました。

また、授業での発問については、教師の発問と子供の応答がピンポンのような往復にならないように努めていくことを指導してきました。教師が発問をして正解が出るまで子供たちを指名し続けるのは、どの子の考えも生かしていくことにはなりえません。一人の子供の発言を他の子供の発言と関連させ、多様な考えを引き出すような授業展開を全学級で目指していました。そして、誤答を大切にして授業を展開し、子供に恥をかかせないこと、自分と異なる多様な考えから学習を深めるように努めていました。

特に、授業での配慮点については、次の六つの視点を提示していました。

①すぐに結論や正答を与えない。
②多面的に物事を考えるようにする。
③誤答を大切に扱う。

④結果より過程を重視する。
⑤疑問を大切にする。
⑥学習を生活に結び付ける。
ということです。

それから、一人が一つの係を担当するという係活動の手法があります。一人一役でみんなに役割を与えることができるからいいとされていますが、どの子にも役割を与えられる反面、責任を負担に感じた子が役割を果たせなくて、みんなから認められない存在になってしまうということも現実に起こります。そういうことも踏まえて、一つの係を何人かで協働して担当

松一小「グループ学習の約束」

1	**役割を決めます。** A司会　B記録　Cまとめ　D発表	役割分担
2	**進め方を確認します。** ①話合いの時間を確認します。 ②順番に自分の考えを発表します。 ③それぞれの発表に質問をします。 ④それぞれの意見を比べます。 ⑤発表に向けてまとめをします。	話合いの進め方 時間 出し合う 質問 比べ合う まとめる
3	**グループごとに発表します。** ⑥発表者が出された意見を全体に発表します。 ⑦同じグループの人は付け足すことがあれば発表します。 ⑧他のグループの発表に質問を考えながら聞きます。	グループ発表時

［表］松一小「グループ学習の約束」

できるようにするとか、誰かができない場合には、他の人が補うという仕組みが大切なのだと思います。意図的にそういう場を設けていくようにしないと、理論や理屈を取り入れても、なかなかうまく現実を乗り越えられないという感じがします。

杉田　このような係活動やグループ活動のいわば常識を見直してみようということで、私は「心配な学級経営の手法」としてまとめ、教師に指導しています。例えば、「心配な学級経営の手法」としては、前にも取り上げた一人一役の当番活動です。一見、どの子も活躍できるようですが、一人で責任を果たせない子も少なくありません。友達と支え合い、助け合って活動することが大切なのだと思います。また、生活班の班長を中心としてさまざまな学級での活動を行う生活班万能主義のリーダー育成手法も心配です。どの子もリーダーシップを発揮できるようにすることが求められると思います。そして、係活動を活性化するために、他の係と競争させて活動意欲を喚起しようとする方法も危険です。子供同士が協働的に支え合って活動のアイディアを出し合ったり、他の係と一緒に活動したりするような教育指導を展開したいものです。

稲垣　発達障害の子も、クラスの仲間であるという学級経営を行うということですね。そうです。学級経営は教師と子供の信頼関係を基盤としますが、子供同士のよりよい人間関係がなければ成り立たないということです。

特に学級会は、教科の学習のように知識の習得を主とするものではなく、学級や学校の生活そのものを学習の主体としていることから、自分と異なる多様な意見をどのように生かしていくかという知恵を出し合う時間でもあると思います。そこには、正解があるのではなく、学級全員の思いや願いをいかに生かし合って、合意形成を図るかという創造的な活動があります。当然、発達障害のある子供の意見も、大切なクラスの一員の意見として取り上げていくことになります。

その際、学級会で求められる基本的な子供の姿を六点取り上げました。
①「話すこと」に関しては、理由を明確にし、自分の言葉で思いや願いを話すこと。
②「聞くこと」に関しては、誰の話でも相手の立場になって真剣に聞くこと。
③「相違点の理解」に関しては、互いの意見や考えの相違点を理解し合うこと。
④「よさの理解」に関しては、互いの思いや気持ちを察し合い、そのよさを理解し合うこと。
⑤「合意形成」に関しては、異なる意見について、説得したり、互いの意見のよさを生かしたり、折り合いをつけたりして集団としての意見をまとめること。

⑥「協力すること」に関しては、自分の考えと異なる決定であっても、気持ちよく協力し、互いの気持ちを推し量った言動ができること。

としていました。

ある学校の授業研究会で、障害のある情緒が不安定な子供が学級会に参加していました。前半は、自分の意見に賛成をしてくれる子供もいて、よい調子で話し合いに参加していましたが、後半になり自分の意見に心配な面があると言われた場面になったとき、その子は椅子に座ったまま、机ごとガタガタと音を立てながら廊下に出ていってしまいました。研究授業の最中でもあったので、担任の先生はどうするのかと参観者は誰もが心配しながら見ていましたが、先生は「○○くん、落ち着いたら戻っておいでね」と言っただけで、授業を進めていました。他の子供たちも何もなかったように話し合いを続けていました。数分後、彼は元の席に戻って机に顔を伏せたままでいました。担任の先生は、終末の言葉で「○○くん、よく自分で戻ってきたね」と話しました。このクラスにあって、先生も子供たちも彼の障害特性を理解し、大切なクラスの一員として接していたことがよくわかりました。どの学校でも、通常学級に在籍する発達障害のある子供を大切にするとともに、特別支援学級に在籍する子供たちが、みんなと一緒に学級会に参加できるようになってほしいと改めて感じた一コマでした。

杉田

大事なことは、学級担任が子供を信頼できるかどうかということなのだと思います。子供を信頼する学級担任がやるべきことには、さまざまなことがありますが、自己実現を育む特別活動としては、特に次のことが大事だと考えています。

例えば、子供たちに、なりたい自分の姿を明確にイメージできるようにし、自分の現実を正しく判断し、先を見通して、「何を努力すればよいか」について適切な意思決定ができるように導くことです。できもしないことを決めるのではなく、ちょっと頑張ればできるところに目標が設定できるようにするのです。その上で本気で取り組めるようにし、困難を乗り越えて頑張り、何とかしてやり遂げることができるようにします。そのためには、「褒める・励ます」指導を基調にしつつ、必要な技術的な支援などを積極的に行う必要があります。また、何より大事なことは、一人一人の頑張りに寄り添いながら、子供たちが自分でハードルを乗り越えたと思えるようにしたり、振り返って内省し、次に生かしたりできるようにすることです。

◆教師の指導法の極意

稲垣

教師が自分で指示した方が早く直るし、教え込んだ方がずっと効率がよいと考えている教師は多いように感じます。やはり、教師の意識改革をすることが求められ、そのために教師の指針となるような指導が学校管理職には求められるのだと思います。

私は校長時代、授業参観時に保護者へのお土産として教育情報資料を毎回作成し、学級懇談会の話題の一つとして提示してきました。その話題をもとに、学校と家庭が同一歩調で子供に接していけるようにしていきたいという願いからでした。例えば、子供への接し方の資料として次のような資料を提示したことがあります。

子供を注意するときの三原則として、

①何かあったらすぐにその場で注意する（即時性）
②例外をつくらない（厳格性）
③気分や状況で注意を変えない（一貫性）

を取り上げ、子供を褒めるときの五原則として

①褒めた理由を伝える（根拠）

②内面を褒める（内面）
③小さなことを褒める（小事）
④具体的に褒める（具体）
⑤繰り返し褒める（継続）

と提示しました。また、あるときは「個性」について取り上げました。

「個性」とは、単に他と違うという特異なことを表すのではなく、その構成要素には「社会性」という考え方があります。自分だけよければよいというのは個性とは捉えません。子供が他と関わって生きる中でこそ、個性が伸長されるという資料を作成し、特に特別活動の大切さを理解してもらうように努めてきました。

力のある特別活動の実践者は、子供たちの内発的動機付けを大事にしようとします。「させる」ではなく「したい」と思えるように仕向けます。その上で、その強い意志に基づいて行った努力を見逃さずに見取り、価値付けすることで、小さな成功体験を積み重ね、自信をもてるようにするのです。

例えば、低学年の子供が、自分たちで野菜を育て、調理して食べたいと願い努力してきたとします。そしていよいよ、その野菜を調理場まで運ぶことになったのですが、その途中、あまりに大きくなった野菜の重さに耐えきれず座り込んで泣き出してしまったとします。そのときに、大人はどう対処したらよいでしょう。「最後までしっかり運びなさい」と叱咤激励する人もいるでしょう。また、「重いよね。一緒にもってあげるから、最後まで頑張ろう」と共感的に励ます人もいるでしょう。

しかし、子供たちが努力すべきことを自分で「意思決定」できるようにしている特別活動の実践者は、このどちらとも異なる対応をします。例えば、「なぜ、今までこの野菜を育ててきたの?」とか、「なぜ、こんな重い野菜をここまで運んできたの?」と問うのです。つまり、内発的動機付けに立ち戻れるように助言をするのです。きっと、強い内発的動機付けがあった子供なら、「頑張って育てて、それを調理して食べたいと思ったから」と言うでしょう。そこで、「そうだったね。だったら最後まで頑張って運ばなきゃね」と背中を押し、自らの意思で立ち上がれるようにするのです。その後に、手助けをしてあげるかどうかはあまり大きな問題ではありません。大事なことは、自己実現には、強くて重い意思決定や、それに基づく努力、そして何より「自分もやればできる」「努力することは大切だ」などの自己効力感を味わえるようにすることなのです。

よりよい社会を築くために何をなすべきかを話し合って合意形成し、それに基づいて協働して実現しようとする学級会や児童会・生徒会活動などは、集団や社会の形成者としてのマネジメント能力を養う場になります。また、よりよい自分になる（生き方をしていく）ために何をなすべきかを話し合って意思決定し、それに基づいて諦めずに努力する学級活動⑵や⑶の指導は、自己実現のためのマネジメント能力を養う場になるのです。

稲垣

私も、一流の指導者と二流の指導者の違いを教職員に伝えてきました。一流の指導者の条件として、一つめは、成功を促すのではなく、安心して失敗できるようにすること。二つめは、教えるのではなく、気付かせること。三つめは、自主性に任せるのではなく、その人の気付かない能力を引き出すこと。四つめは、何でも言ってくれと言うのではなく、言いにくいことを言える環境をつくることです。特別活動を指導する上で、意思決定を振り返るというのはとても重要なことです。やはり、子供を教育活動の中核に据えていくことが最も大切なことだと思います。

この実践は全国でも珍しいものと言えるでしょうが、校長の立場としては賛否両論があると思います。伝統校である埼玉県東松山市立松山第一小学校の校庭の隅には、

「木登り」のできる場所があります。そこには、木のはしごもかけてあります。子供の事故やケガについては、細心の注意を払うのが学校です。しかし、何でも禁止をすれば事故やケガがなくなるかといえば、そうではないと思います。

この木には、黄色のロープがそれぞれの枝に巻いてあります。これは、職員と私が実際に木に登り、これ以上先には行かないようにするために張ったロープです。その注意喚起の表示を職員に頼もうとしたら、「黄色のひもの先には行かないこと」と表示するというので、私は「『黄色のひもの手前で楽しく遊びましょう』と書いた方が、子供はうれしいよね」と職員に伝えました。ちょっとしたことですが、子供の心を中心に物事を考えていくことの大切さを伝えたかったのです。

第3章 学級会はこうしてみよう

◆実践研究を見て思うこと

稲垣

まず、私から問題提起をしたいと思います。最近、数多くの校内研修を見ていると、大きく二つのことが浮かび上がってきました。一つは、学級会の話し合いをうまく行うことばかりに目が向いているということです。学級会の進め方がいろいろ研究され、誰でもできるようなやり方が浸透してきたのはいいことです。そうした学級会の進め方の定型化や研究提案資料がすごくまとまってきているというよさがある反面、子供の姿が抜けているというか、みんなで決めたことがきちんと実践に結び付くだろうかという危惧があります。話し合ったことや具体的に決めたことが実践としてどう結び付き、どう子供たちが変わっていくかが果たして明らかになるのかどうか。何か、研究授業のための話し合いになっているような気がします。

もう一つは、それと関連して何のために話し合いをしているかというところが明確になっていないということです。学級活動(1)の大もとにあるものが揺らいでいると思います。例えば、提案理由が長いから、キーワード化したらどうかということで、「仲良く」とか「協力」という言葉にするということが行われました。でも、キーワード化したことによって、仲良くという意味が十分に理解されていない中で話し合いをしているケースが見られます。何が課題で、それがどう推移しなければいけないのかという目的が明確でない話し合いが多くなっています。新たな挑戦もいいけれども、大もとに戻る勇気も必要です。

杉田

「学級会の行い方に目が向きがち」という点については、確かにそういう傾向がありますが、一般化を目指そうとするときの弊害の一つとして陥りやすい課題でもあります。若い先生方や本気で取り組み始めた先生方は、まず「何のためにするか」よりも、「どのようにやればいいのか」の方法に関心があります。そのため、指導する側はどうしても「こうやったらどうか」と方法を教えることになりがちなのです。

稲垣　学級会をきちんと行ってもらうためには、仕方のない部分もあるかもしれません。そうでないと、なかなか誰もができるようにはなりません。その意味からすると教科書のない分野である特別活動にとって、杉田先生が主査として作成された国立教育政策研究所から出された指導資料は、全国どの地域でも基本的な指導方法を定着させるために重要な冊子であることは間違いありません。この指導資料には学習指導要領改訂のポイントから特別活動の各活動の特質や実践例などが盛り込まれており、大変参考になります。学級活動の学習指導案の形式例や板書例などさまざまな実践事例が取り上げられており、実践者にとっては指針となるものと言えます。そこには、取り上げた実践を行う際の配慮点など、まさに目的意識に関する記述も随所に取り上げてあります。特別活動は、教育課程に位置付いた教育活動であることから、具体的な手法を学びながらも並行して根幹となる目的意識を高めた実践に期待したいものです。

杉田　大事なことは、形から入ったとしても、いずれ特別活動の目標や理念をしっかりと理解して指導に当たれるようにしなければならないということです。その点で気になるのは、自発的、自治的な活動の大前提となる諸問題の発見と議題の選定の指導への関心が低いことです。いかにして子供たちが自分たちの抱えている学級の諸問題に気付き、提案できるようにするか、いかにしてその問題解決に正面から向き合えるようにすることができるかという指導が疎かになってしまっていたのでは、その先にある提案理由の問題も、何のための話し合いなのかなどの課題も、解決することは難しいからです。

稲垣　ある小学校で学級会を十数回やりましたという学級での授業を見に行ったら、ずっと同じ議題で行っていたので、びっくりしたことがあります。学級会の中身がぜんぜん特別活動ではなかったことがありました。その手法による子供たちの自主的な活動を尊重したいという思いは理解できました。しかし、学級会での話し合い活動は、単に議論するために行うものではありません。よりよい学級、学校生活を自分たちの力で築くために現状の問題を発見し、その解決のために話し合い、みんなで実践するために行うものです。話し合いのための話し合いではなく、実践のための話し合いであることを再確認したいと思った場面でした。

杉田　学級会での多数決は、ある意味、賛成意見の数の「競争」とも言えます。子供たちがそのような競争で結果を得ようとすれば、話し合いはディベート風になり、勝ち負けになります。だからこそ、学級会の指導では、安易に多数決で決めずに何とか「折り合い」を付けて意見をまとめられるように指導します。そのような積み重ねによって、「合意形成」の力が育つのです。つまり、学級会も、いかに「競争」から「共創」にするかが問われているのです。

稲垣

その点では、全員が納得するまで話し合いを続けるということは、一見、望ましいように思います。しかし、子供たちにとっての学級会の醍醐味や喜びは、多様な意見を何とかまとめて決めることができたということです。サッカーで言えば、ゴールをきめることです。パスやドリブルばかりでゴールをしないサッカーのような学級会では、その醍醐味も喜びも味わえないのではないかと思います。

私が指導主事時代に、他県のある指導主事と一緒に学級会の研究授業を参観したことがあります。そのとき、他県の指導主事はその授業を「最高の学級会ですね」と話しかけてきました。しかし、私はそう思いませんでした。その授業は、どの子もきちんと挙手をし、大きな声で理由を付けて発表していました。賛成意見の多いものに決定し、時間内に話し合いが終了するという、一見、見事に見える学級会でした。しかし、よく見ると個々の子供の発表は、事前に学級会ノートに書かれている意見を見ながら発表しているだけの単なる「意見発表会」と言えるものでした。他の意見に対して、自分なりの考えを付加したり、統合したりするなどの関連発言はほとんどありませんでした。私は、これは学級会で求める話し合いではないと感じた一コマでした。

このことは、「習慣性」と「適応能力」の実験から学ぶことがあるように感じました。それは、蜂とハエの実験です。蜂とハエをペットボトルに入れて、ペットボトルの底の方を光のある方向に向けて、出口となるキャップを外すという実験です。蜂は、光の方向に向かう習性があることから、何度もペットボトルの底にぶつかり、いずれは命を落とします。一方、ハエは何度か底に向かいますが、さまざまに動き回っているうちに反対側の出口を見つけて逃げることができたということです。形式となる習慣性は学習の基盤として大切ですが、社会に生きて働く適応能力を育てる視点からも求められる学級会のイメージをもつことができるようにしていく必要があると感じます。

杉田

きれいに、美しく、時間内に決められる学級会を目指す先生は、少なくありません。他の教師たちに授業公開をするような場面では、特にその傾向が強くなります。しかし、稲垣先生がおっしゃるような疑問をもつことが度々あります。意見の出し合いは活発には行われるのですが、時間内に決めるためには、司会者のまとめようとする気配や空気を読んで、賛成多数の意見に決めるのであれば確かにスムーズです。しかし、それでは、サッカーのストラックアウトゲームのように、一人一人が的に向かってボールを蹴って、その合計点で結論（勝敗）を決めているようなイメージがあります。ときにドリブル（説得しようと切り込んでいく意見）し、パス（他者の意見に共感、質問、賛同、付け加えなど）によって意見をつなぐことによって、折り合いを付けるような意見や新たな意見が生まれて、みんなの思いが自然と相まって、美しいゴール（多様な考えが生かされた決定）が生まれるのが理想です。そして、そのような子供たちの姿が見られたとき、「深い話し合いになっている」と感じることができるのです。

◆生活問題を議題化する

杉田

私が拝見する学級会の議題の九〇％は集会活動、とりわけお楽しみ会です。小学校段階においては、自治的な活動の基本を学べ、多様な力が育てられる集会活動は、その中心的な活動になりますので、そのことを否定するものではありません。ただ、単なるお楽しみ会ではなく、意味のある集会活動にする工夫が求められます。例えば、何のためにするのかを、より鮮明にした集会活動です。例えば、「お別れする、お迎えをする、感謝する、励ます、深く知り合う、教え合う」などなど、何のための集会活動なのかを明確にするのです。

また、発達の段階に即して、生活問題の議題化にも挑戦してほしいと思っています。特に、高学年になっても集会活動ばかりでいいのかというような思いがあります。社会参画するとは、楽しいことばかりではないからです。

確かに、よりよい生活をつくっていくためには、何がよりよいものなのかという見通しや、現状の問題を見つけ出す力がないとなかなかできません。子供の実態や経験の度合いにもよりますが、研究実践を見ていると、教師の方で課題になりうるものが何なのかという情報を提供できていないのが現実です。

例えば、こんな議題の例があると提示したりする場合もありますが、その議題例と問題に気付くことが直結しているわけではない。実際にいろいろ活動をしていけば、今回はこれができたから次はこうしようとか、こうしたいという気持ちが子供たちの中に出てくるでしょうから、そういう体験を積むことで問題に気付くことができるようになると思います。やはり低学年からの積み重ねがないとなかなか難しいでしょう。学習指導要領には、小学校の経験を中学校に生かすと書かれていますから、中学校に渡すことを考えても、その積み重ねを実践していくことは必要だろうと感じているところです。

杉田

私は、必ずしも教師が議題を提案してはいけないとは思っていません。育てたり気付かせたりする段階では、それも必要だからです。ただ、「議題は先生が決めてくれるもの」と子供たちが思い込んでしまうのであれば、それは大きな問題です。たとえ、先生が意図した活動があったとしても、子供たちがその問題に気付けるようにする、子供たちの問題意識をそこに向ける、子供たちの中から提案できるようにする、などという引き出す指導を大事にしてほしいものです。

さらに問題なのは、熟さないうちに木の実をもいでしまったかのような「本当にやりたいの？ どうしても解決したいことなの？」と首をかしげたくなるような話し合いが少なくないことです。関心の高い子ばかりが発言して、その他大勢は無関心というような感じになります。意見の言い方にも、思いが込もっていないと感じることもあります。問題意識が一部の子供たちにとどまっていないか、みんなのものになっているか、その熱量は低くないかなどを把握し、十分でないと感じたら熟すための指導を行ってから話し合いに入るようにするというくらいの覚悟をもってほしいです。

稲垣　まさにその通りです。なぜ議題を選定するのかといえば、子供たちが現実の生活の問題に気付くための一つ手前のいわば練習になるからです。その意味では、少なくとも教師が設定する議題でないことを大前提にしたいと思います。教師が提案するとしても、二つか三つかある中のどの議題にするか、どの議題が今、自分たちの学級に必要なのかということを子供たちが選定できるようにすることだけはどうしても行いたいところです。指導案の中にも選定と書いてありながら、議題の選定まで全部教師が決めてしまっている現状が散見されます。まっさらな状態から問題を見つけることが無理だとしたら、何よりもまずは議題の選定に力を注ぐことが、子供たちに問題意識をもたせるスタートとして必要なのではないかと思います。

◆問題発見力を育てる

杉田　教室において、自分の座席のそばにいつもゴミ箱が置いてあっても、「何も感じない」という子供が多いでしょう。「どうして」と思う子供がいても、大半は「仕方ない」と諦めてしまっていることが多いと思います。それは、実際の大人の社会でも同じです。家の前に「ゴミの集積場」が設置されてしまっても、「仕方ない」と諦めている場合が少なくないでしょう。しかし、ある地域では、それを問題提起したことで、同じ町会の人々がそのことに共感し、ゴミの処理の仕方や置き方のルールを改めて徹底しようと動いたり、嫌な思いをしているその家族にはゴミ当番を免除しようと決めたりするなど、皆にとっても自分にとってもよい解決を図ったという話を聞いたことがあります。このような解決型の話題を取り上げようと意識することは、生活問題の議題化につながります。

学級会でそのような話し合いができたなら、それらが児童会・生徒会活動に生かされることになります。あるとき、ある小学校で、どうも朝会の子供の入場の際におしゃべりが多いことが職員室の話題になったそうです。一般的にこのような問題は、「学級担任がしっかり指導すべき」となりがちですが、その学校では、児童会に相談してみようとなったのです。

朝会での入場が子供たちの自治的な活動の範囲かどうかは微妙ですが、みんな自分事と捉えて真剣に話し合ったそうです。そして、「朝会の入場のとき、先生がＣＤで

BGMを流すよりも、六年生の私たちが先に入場して、正面に並んで歌を歌って出迎えれば、みんなその歌を聞きながら静かに入場してくれるのでは…」と考え、実行することにしたのです。その結果、子供たちが本当に静かに入場するようになり、六年生は「私たちが学校を変えた」と実感することができたのです。

今まで教師が主導して解決してきてしまったことでも、子供たちに問題解決を委ねられないかと考えてみることは、生活問題の議題化の一つのヒントになると思います。そして、このような体験こそ、中学校に進学しても生きて働くのです。

私が校長として赴任した二校めの学校は、地域が誇る伝統ある学校でした。校内には、地域の皆さんが協力してつくってくださった見事なウサギ小屋がありました。しかし、そのウサギ小屋にはウサギはいませんでした。ウサギ小屋の中には、雑草が生えている状態でした。ある日、飼育委員会の六年生の女の子が校長室に来て、ウサギを飼わせてほしいと話しました。私は、当然、認めてあげるつもりでいました。しかし、教職員と相談した結果、今のウサギ小屋に雑草が生えている状態のままでよいのか、一度子供たちに投げかけ、考えるように促してみようということになりました。

委員会の担当者がその話をしたところ、子供たちが自分たちの力でウサギ小屋を復活させたいということになり、その日から子供たちの挑戦が始まりました。問題がないとは言えませんが、実は、土曜日にも子供たちが学校に来て草取りをしていたということを後で聞きました。ウサギについては、病気等のこともあるので、教頭がペットショップで安全なウサギを購入してきました。飼育委員会の子供たちは、ウサギの名前を全校に募集し、児童集会で命名についての理由などを発表しました。そのとき、体育館中に学校全体の大歓声が響いたことを思い出します。

また、あるとき、高齢の方を学校にお招きしたことがありました。そのとき、玄関で靴を履くのが大変そうな方を六年生の男子が見つけ、自分の肩を貸してあげるという場面がありました。その六年生が私のところに来て、「校長先生、玄関に座って靴を履ける場所をつくってもらえませんか」と話してくれました。私は、「気付いてくれてどうもありがとう。私が気付かなかったことを教えてくれてありがとう。すぐに、用意するね」と言って、その日のうちにホームセンターに買いに行ったことを思い出します。この学校は、私が赴任して特別活動の研究するようになった学校です。六年生が作製した横看板には、「みんなでつくろう八和田小」という言葉が輝いていました。

まさに、自分たちの手で自分たちの学級、学校生活をつくり上げようとする風土が学校中に満ちていました。その年の研究授業の五年生の議題には、「給食の時間を工夫しよう」という生活問題を議題化した実践も見られ、幸いなことに「道徳と特別活動の教育研究賞」で文部科学大臣賞を受賞させていただくことができた学校でした。

◆合意形成は妥協か

杉田　今般の特別活動の改訂の議論の中で、これまで「集団決定」と解釈してきたことを「合意形成」という言葉に置き換えて学習指導要領に示すことが議論されました。その背景には、グローバル化の進展とともに、人々の考え方や価値観などがますます多様化する中で、それらを超えて協働できる資質・能力の育成が喫緊の課題になっているという現状があります。

しかし、それが、ともすると合意するために、主張を控えさせたり、同調を強く求めたりするような指導になってしまっていないかと心配になることがあります。多様な主張がないところに、また安易な同調からは、よりよい合意は生まれないからです。まずは、主張や議論を育てる指導から始める必要があると思います。

また、研究会では、ときどき、「合意とは、妥協か、納得か」といった極論が正面からぶつかり合うことがあります。そんなとき、たいていどちらとも言えない微妙な感じになります。しかし、「多様な意見がある中で、満場一致はごく少ないということを実感させる必要がある」との認識は、共感し合えることが多いようです。実社会では、全員が納得とはいかない場合が多いからでしょう。かといって、妥協でよいかと言えば、それも肯定はできません。

そこで私は、「合意とは、賛否がある中で、ある一定の時間の中で、一人でも多くの人がこれだったらいいというところにみんなの意見を擦り合わせたり、調整したりするなどして、学級の総意をまとめていくこと」と説明することにしています。つまり、単なる妥協ではない建設的に歩み寄る、譲る、生かし合うなどができるようになることが大事なのだと考えています。そして、その一つに、たとえ反対していることにも、「条件付きで賛成する」というような姿勢が生まれてくるのだと期待しています。

大切なことは、話し合いが勝ち負けになっていないか、他の意見を攻撃することで自分の意見を通そうとするような攻撃的で排他的な思考になっていないか、結果的にディベートのような話し合いになっていないか、ということに留意する必要があります。自分の言いたいことは言うが、人の話には耳を傾けない、反対意見を言うが、代案を出したり、歩み寄ろうとしたりしない、自分が望まなかった意見に決まったら協力しない、というような大人にしてしまうことがないようにしたいものです。

稲垣　私は、合意形成を図る話し合いは互いのよさを生かし合う活動の時間だと理解しています。学級会は、互いの意見の違いから言い争うように感じる場面もありますが、相手を攻撃し合う時間ではないことははっきりしています。合意の在り方でいうと、合体させる方法や一部をくっ付ける方法などさまざまなやり方がありますが、何でも半分にして合体すればいいということではないと思います。その合体の仕方が六対四の場合もあれば、九対一の場合もあることなどを全部ひっくるめて理解しておくことが大切です。結果として妥協と感じる側面もあるかもしれないけれども、合意とは妥協ではなくて、自分の考えのよさが二割ぐらいその中に入っているというような合意の仕方など、それぞれのよさを調整し合う時間だと思います。みんなにとってよりよい結論に至るためには自分の意見の一部を引っ込めなければいけない場合もあるかもしれません。それぞれのよさを取り上げて調整しながら、みんなにとってよいものは何なのかというのを見いだしていく時間だと思います。数の多い意見を取り上げ、少数意見を排他的にして結論を見いだす時間ではありません。だから、単なる妥協かそうでないかは、学級会を行うたびに人間関係がよくなっていくことでわかります。

元文部科学省視学官で杉田先生の前任の宮川八岐先生が二五年指導され、おそらく日本で最も長く特別活動を研究している千葉県八千代市立大和田小学校に私も何年か指導で訪問していますが、大和田小の子供たちはこういう言い方をしています。意見が違うときは激論を交わすこともありますが、たとえ反対の意見であっても、「今のAくんの意見は確かにわかるんだけど」というように、いったん相手の意見を受け止める言い方をします。その後でこの部分はもうちょっとこうすると、その意見を生かすことができるなどと自分の意見を述べます。つまり、最初から反対して相手の意見を叩き落とすというような態度ではなく、相手の意見を受け止めてあげながら何とかよさを生かすという態度が積み重ねられていくような学級会になっています。

そして、この学校の子供たちは、当然のことながら、学級会ノートを見て意見を言うのではなく、黒板や相手の顔を見て、身振り手振りも加えながら自分の思いを語ります。ですから、発言が決められた話型に沿ったものではなく、合意形成の在り方も型にはまったものではありません。まさに、学級会の基礎基本を学び、話し合い活動を継続してきた子供たちが、多様な経験をもとに話し合うという姿がそこにあります。
さらに、特徴的なのは、根拠をもとに思いを伝えるので、一人一人の発言が長くなり、一つの発言が他の発言と関連して話し合いが行われているところに継続してきた研究の伝統を感じます。

学級会をして人間関係が悪くなるのであれば、学級会をする意味がありません。単に互いの意見をぶつけ合い、議論によって勝ち負けという結論を導くディベートであれば教科等で学習すればよいことです。それは学級会で求めるものとは違います。議論を切り取れば、そこには妥協の部分があるかもしれないし、納得の部分もあるかもしれないけれど、最後は誰もがよいと思えるようなところを調整して擦り合わせていくことに意を注いでいくのだと思います。学級会は社会の中で行われているやり方を少しずつ実践的に理解させていくという場でもあると思っています。教師の合意形成の認識の違いによるのでしょうか。それによって学級会の空気があまりにも違ってきます。やはり、最後は教師が子供を信じ、子供とともに学級会の話し合いを行い、そして実践活動を大切にすることだと思います。

◆「比べる」は、できているか

杉田

「楽しく豊かな学級・学校生活をつくる特別活動」（国立教育政策研究所／平成二六年版）には、学級会の合意形成のプロセスとして「出し合う―比べ合う―まとめる（決める）」が示されています。よりよい合意ができるようにするために特に重要なのは、「比べ合う」の段階の話し合いです。実際、授業研究会において「出し合う」について議論になることはあまりありません。また、「まとめる（決める）」は、「比べ合う」との関わりから話題になることが多いように思います。

私は、校内研修などで指導する際に、先生方に「比べ合う対象は何でしょう」と問うことにしています。多くの先生は、「意見」とか「その理由」とおっしゃいます。それは、その通りです。次に「どんな視点で、比べ合えるようにしますか」と問います。これも、ほぼ全員が「提案理由」と答えます。続けて、「では、実際に子供たちの賛成の理由は、提案理由の視点で比べられるようになっていますか」と問うと、一瞬戸惑われる先生が多いのです。実は、「比べているようで、比べていない」という曖昧さが指導改善のポイントなのだと考えています。

稲垣

実際、黒板に賛成意見や反対意見の数は記録されても、理由まで記録されていることはそれほど多くはありません。低学年においては、ほとんど皆無です。話し合っている子供たちが理由をすべて記憶することはできないでしょうから、比べているのは賛否の数ということになります。また、理由まで記録してあったとしても、その多くが、「提案理由に合っている」というものです。

そもそも提案理由に沿って出された意見のため、どの意見も同じ理由で賛成というようなことになってしまうということも珍しいことではありません。この場合も、結局比べているのは、理由として述べたことではなく、その賛否の数になっていることが多いのです。

その原因の一つには、提案理由が「仲良く」とか「協力」など、漠然とした言葉によって表現されていることが挙げられます。つまり、「○○の意見に賛成です。理由は協力できると思うからです」というように、どの意見も同じ理由になりやすいのです。最終的に改めて見てみたら、どの意見の賛成の理由も「協力できる」になっているということに気付くことも少なくないのです。

私もそういう授業をたくさん見てきました。仲良くなれると思うからという理由で

Aの意見があり、同じ理由でBの意見がある。どちらも仲良くなれるのだけど、何をもって仲良くしたいのかがわからない。運動が得意でない子も含めてみんなが活躍できるように仲良くするということもあるでしょうし、男子と女子の関係性をよくするために仲良くするということもあるでしょう。理由が明確になれば、比べることができていくということです。そのためには、話し合いの目的でもある提案理由の提示の仕方と、決まっていることの確認が重要になると思います。

まず、提案理由については、本来は、

①現状の課題・問題点
②問題の解決の必要性
③問題の原因の追究
④共同の問題としての共有化
⑤考えられる解決方法
⑥解決後のイメージ
⑦話し合いへの期待

という七つの視点が考えられます。しかし、一般的には簡潔にするため、

①「現状の課題・問題点」
⑤「考えられる解決方法」
⑥「解決後のイメージ」

の三点にして実践され、他の視点を包含させているのだと思います。大切なのは、現状の問題点について全員が理解でき、この問題点を何としてもみんなで解決したいと思うような心情を耕しておくことです。この部分が話し合いの必要性、目的意識と大きく関わります。そして、考えられる解決方法と解決後のイメージは、この後の話し合いの方向性を見いだすものとして提示したいところです。中学年ぐらいまでは、現状を取り上げ「でも」「そこで」「そうすれば」などの接続詞でつなぎながら提案理由を作成している学校もあります。大切なのは、単にキーワード化だけに陥らないということだと思います。

また、重視したいのが、決まっていることの確認です。この部分が明確でないと子供による自治的な活動範囲が曖昧になり、「比べる」段階での前提ができないという状況に陥ってしまう実践も少なくありません。実践に向けた準備の時間、場所、道具等の条件があるからこそ「比べる」段階での共通の認識がなされるものと思います。

実は、この部分が練られていない実践が多いように感じます。

杉田

漠然と「協力できる」ではなく、それぞれの意見について、「どのような協力ができるのか」について出し合ったり、比べ合ったりできるようにする必要があります。その場合、賛成か反対かを述べ合う前に、全員で、客観的にそれぞれの意見について、どんな「協力ができるのか」を洗い出すような段階が必要なのではないかと思っています。

ところで、理由を表記していないのに、それでも、話し合いが深まっていると感じる場面があります。その多くは、「心配意見」に対する解決についての議論です。つまり、心配な理由をみんなが共有するからこそ、話し合いがかみ合い、意見がつながり、話し合いが深まるのです。このことからも、理由を比べ合うことで、話し合いが深まることがわかるでしょう。低学年においては、子供が理由まで記録することは難しいですから、教師が記録してあげる必要があると考えています。

この「理由を記録すること」については、極力「反対意見を生かすため」という目的を共有しておく必要があります。必ずしも提案理由に沿ったものでなくともよいのですが、個人的な「心配なこと」について、みんなの知恵で解決策を見つけ合うようにすることは、よりよい合意の工夫の一つになるからです。

◆合意するために、黒板を可視化する

杉田　合意形成に必要不可欠なのが、個々の意見とその理由、共通の比べ合う視点などが子供たちに一目瞭然で把握できるようにする板書の工夫です。特に、意見等の分類や整理をいかにわかりやすく可視化するかが大事です。やがてはＡＩの発達により、意見の分類や論点整理、一人一人の反応などが電子黒板などにおいてボタン一つで一瞬にしてできるようになるでしょう。そして、そのようなディスプレイを見ながら会議をするような時代が来るはずです。だからこそ、そのような会議に必要な思考力・表現力・判断力などを育成することを念頭に置き、学級会の経験をさせておくのです。その際、意見が容易に操作化できる短冊は、必須のアイテムです。

稲垣　確かに、学級会の中で最低限必要な道具は何かといったら短冊です。それがあれば学級会での合意形成はしやすくなります。でも、意見を書いた短冊を単に貼っているだけでは、それは板書するのと一緒だから、何の意味もありません。肝心なのは短冊

の使い方です。杉田先生が言われたように、意見を分類して表題を付けることによって思考の整理ができ、どの子も意見を言いやすくなります。

学級会での混乱の中心は認識のズレによるものが多く見られます。その意味でも、黒板の可視化・操作化・構造化は重要であると思います。私の担当している大学の特別活動論でも模擬学級会を行いますが、学生でも上手に短冊を活用する手法に慣れるまでは時間がかかります。短冊の効果的な活用については、短冊の文字の記入の仕方も大切です。短冊に書かれた字が読めないという実践が多いように感じます。簡潔に体言止めで明確に書くことに注意したいところです。わかりやすさは操作のしやすさにつながりますから、話し合いの中での分類・整理は極めて大事だと思います。

また、ある学校では取り上げられなかった意見に対して、その扱いをどうするかという視点を大切にしていく方向で学級会を展開しています。この取り上げられなかった意見は、次回の活動に生かす方法や、係活動で活用する方法、朝の会や帰りの会で取り上げる方法など、その活用方法までもみんなで見いだそうとする学級会は、まさにやさしさを紡ぎ合う時間であるように感じた実践でした。

杉田

合意を図る上で、学級全体の意見がどんなまとまりになっていて、いくつぐらいに分けられるのかをはっきりとさせることはとても大事なことですが、その他、話し合いのプロセス、時間、議題や提案理由、心配なこと、解決方法など、それぞれの意見のよさや問題点がどこにあるのか、今、どの意見に共感が集まっているのか、いったん話し合いの決定の候補から外れている意見はどれか、最終的に決定された意見はどれかなどについて、リアルタイムで確認できるようにしておく必要があります。

また、「今ここ」マークの活用もさらに工夫が求められます。単に、話し合いのステップのどこを話し合っているのかを示すだけではなく、論点となっている理由に「今ここ」マークを貼ることで、何について比べ合っているのかがわかりやすくなります。今後は、意見の違いを比べて優先順位を決めようとしているのか、または淘汰しようとしているのか、歩み寄って融合させようとしているのかなど、話し合いの方向性も何らか示すことができるような工夫も必要だと思っています。最終的には、合意までの話し合いの過程として、どんなストーリーをたどったのかなどが、黒板に残っているのが理想です。

実際に、そのような工夫によって、「次元の異なる意見が並んでいたのでは、比べられない」とか、「結局、賛否の意見は述べ合ったが何も比べていなかった」などについても、視覚的に捉えやすくなります。また、意見と意見を線でつないで合体していくような表記の仕方は見にくくわかりにくいという問題も、実感をもって理解できるようになります。そして、このような話し合いの経験やそこで身に付けた思考力・表現力等は、必ずや教科の授業においても生きて働くのです。

稲垣

特に高学年の場合は、司会と同様に黒板記録の役割がとても大切になると思います。子供が育っている学級であれば、司会者がそれほど上手でなくても、周りの子が司会を助けたり、周りの子で進行したりすることができるから、それは何とかなりますが、なかなか黒板記録の方はそうはいかないように感じます。教師が助けないと分類も難しいし、短冊の書き方も難しい。そういう意味では、話し合いができるようになればなるだけ、黒板記録の役割は単に字を書けばいいだけではない思考を整理する大切な役割を担っていると思います。

杉田

その点で言うと、司会グループの分業化は、柔軟に考える必要があるのだと思います。例えば、司会は指名をする人、または進行する人、記録はノートに書く人、あるいは黒板に書く人というのが一般的です。

しかし、チームで進行するというような助言をすると、記録の子が「今、これとこれを比べてください」とか、「新しい意見をここに貼ったので、このことも考えてください」とか、「このように意見を並べ替えてみましたが、○○さんの言ってくれた考えに合っていますか」など、進行を助けるようなことを始めます。このようなことは、大いに奨励したいと思います。

稲垣　確かにその通りで、チームで運営するという視点はとても大切だと思います。ある学校では、高学年になると学級会での役割の自己紹介のときに、司会者等の個人としてのめあてだけでなく、例えば、「今回の学級会は前回の計画委員の課題をもとに、出された意見をグループ分けして、みんながわかりやすく、意見を出しやすいように話し合いを進めたいと思います」など、計画委員全体でチームとしてのめあても取り入れている実践があり、すばらしいことだと感じました。

◆教師は、どう指導助言すればよいか

稲垣　学級会では、教師の助言によって授業の流れががらっと変わってしまうことがありますが、よく聞かれるのは、どう指導助言したらいいのですかという質問です。そこ

杉田

はいかがでしょうか。

すぐに口を出す先生と、見守りに徹する両極の先生がいます。それは、サッカーなどのチーム型のスポーツの審判のタイプの違いによく似ています。例えば、ちょっとしたラフプレーについて一度笛を吹いてしまうと、その後何度も笛を吹かなければ、試合をコントロールできなくなります。そのことにより、つながりのない途切れ途切れのプレーになり、結果としてチームスポーツとしての面白さが半減してしまうことがよくあります。一方で、ラフプレーなどについて極端に寛容になり笛を吹かないと、大荒れの試合になり、ゲームとしての面白さが損なわれることもあります。

よりよく試合をコントロールする審判は、多少の思い切ったプレーは見守りながら、できるだけゲームの流れを止めないようにしつつ、これは「絶対アウト」ということには躊躇なく笛を吹きます。学級会での先生の役割は、そんな審判の役割に似ています。つまり、基本は「待つ、見守る、信じる、期待する」です。学級会は、ワンプレー、ワンプレーを区切って、監督のサインによって選手が動くような野球の審判とは異なり、監督の方針に沿いながらも選手自身の主体的なプレーに任されているようなサッカーの審判に似ているのです。

稲垣　確かに、野球の審判とサッカーの審判との違いという例えは、わかりやすいですね。また、小学校段階は、一年生の入門期から六年生まで発達段階に大きな差があるので、その学年に応じた系統的な指導助言が求められます。まずは、学級担任が学級会の話し合いによって、子供たちが自分たちの学級、学校生活を、自分たちの力で充実させ、向上できるような話し合い活動を展開したいものです。そのためには、議題や話し合うことの選定、提案理由の浸透化、「出し合う、比べ合う、まとめる」という段階での子供の活動を見守る教師の基本的な姿勢と、子供とともに話し合ったことの実践活動を楽しむような教師の姿が求められると思います。特に、学級会は、教師の認識の違いによって話し合いの流れそのものが変わってしまうということがあります。子供たちの意見のイメージの共有化や意見の分類整理といった視点を、教師の役割として大切にしていく必要があると思います。

　では、どんなときには躊躇せずに出なければならないのでしょうか。

杉田　学級会で必ず出なければならない教師の役割は、「助言」ではなく「指導」です。「話し合いのマナーやルールを守らないとき」は、待ったなしです。緊張感や秩序を保つことは、教師がしなければならない最低限の仕事です。もっとも、日頃の指導がしっかりとしていれば、このような指導は必要がないことが多いのですが…。

大事なのは、いかにして深い話し合いにするための「助言」ができるかです。学級会の授業研究会における協議の話題として多いのは、振り返ってみれば、「あそこで先生が出ない方がよかった」とか、「あそこで助言しておけばよかった」というようなことです。一般的に「出なければよかった」という助言は、話し合いの方向や結論を強引に導くような指導で、「出るべきだった」という助言は、深い思考を促すような助言です。実際、学級会も授業であり、教師が出るべきタイミングは必ずあると考えています。

例えば、「話し合いの混乱が続いたとき」、「明らかに、共通理解ができていないいま結論に入ろうとしたとき」、「深い議論もせず、安易に決まってしまいそうなとき」などが考えられます。ただし、その際も、すぐには出ません。子供たちが気付く可能性があるからです。明らかにその可能性がなく次に進んでしまうと判断したら、躊躇なく出ます。その際も、指示ではなく助言です。例えば、「まだ、心配意見が解決されていませんよね」とか、「はっきりとした理由が明らかになっていませんね」とか、「今○○さんが言ってくれたことの意味は、理解できていますか」とか、「司会が困っていますね」、「話が整理できていませんね」などと、問題の事実だけを伝え、その対応や答えまで言わないようにします。そうしないと、「困ったら教師が解決してくれる」と子供たちが認識してしまうようになるからです。

教師が助言しても、子供たちが有効な解決策を見つけられない場合もあります。そんなときは、「以前にこんなことがありましたね」と経験知を引き出すような助言をします。または、まずは個人で考える、次に何人かで考える、最後にみんなで考えるという基本も大事にします。大事なことは、あくまで解決策は、子供たち自身が気付くことができるようにするということです。低学年では、いくつかの解決策を例示し、そこから選択させることも考えられます。

いずれにしても、学級会での教師の役割は、「計画委員会では指導をしてもよいが、話し合いが始まったら助言に徹する」というのが原則です。場合によっては、司会が助けを求めるような視線を向けたら「そっぽを向け」とも指導しています。そうでないと、いちいち、教師の顔を見て話し合いをするようになってしまうからです。

稲垣　ある六年生の授業で、理由が言えなくて詰まってしまった子がいたんです。なかなか待っても理由が出てこないので、担任が、「理由が言えないの？　では、あなたは言わなくてもいいわ」と優しい気持ちからそう言ったら、他の子も、「僕も理由はありません」という発言が次々と続いたのを見たことがあります。

杉田　私もありますよ(笑)。

稲垣　要するに、子供たち一人一人が自分のやりたいことを言うだけなら、ぜんぜん話し合いにならないわけです。特にこの助言をした授業の場合、先生と子供との関係があったのかもしれませんが、理由を言わなくてもよいという助言をしなければ、理由が出てこないで苦しんでいた子供を他の子が助けてくれようとしている雰囲気があったので、言わなければよかったと私は思い授業を見ていました。そういうことはいっぱいあります。

杉田　確かに、最もしてはいけない助言は、言ってはいけないことを言ってしまうことです。例えば、あと少し待てば子供なりの解決策が出てきそうだというときに、先生が思い込みで新たな視点を与えてしまったり、話し合いの展開も子供たちの関心も当初の予定とは異なった方向に向いているのに、強引に引き戻そうとしたりすることです。どちらの場合も、話し合いの行方や結論の方向について固定的に捉えてしまい、そこにこだわってしまうことが原因のように思います。その場合、教師と子供の関係が良好であればあるほど、その影響は強くなります。

子供たちの思考の中心が、先生は何を期待しているのだろう、どっちに向かったらいいのだろうというようになってしまうからです。その結果、みんなが考えていることがばらばらになり、ますます混乱を深めることになりかねないのです。


稲垣　『みんなで、よりよい学級・学校生活をつくる特別活動（小学校編）』（平成三〇年一二月刊）を見ると、授業の前段・途中、後段に指導助言が例示されているので、その例示以外の助言を挙げたいと思います。

授業の前段で助言するとすれば、「前回の学級会がこうだったから、今日はここをみんなで頑張りたいですね」と言っている研究校があります。ただ、あまり学級会の前に口を出すと、子供は先生のことが大好きだから、先生がにっこりしている方向に合うように話し合いが進んでしまう学級会や、教師に喜ばれるようなことを決めようとする学級会も結構あります。

授業の後段の助言としては、今日の学級会はあそこがよくて、次の課題はこうで、計画委員が頑張りましたというような助言は基本ですが、今日の学級会で決まったことをみんなで協力して実践しようという実践への意欲付けとなるような心情に訴える助言をすることも大切だと思います。実際に、そういう助言をしている学級会を多く見てきました。

途中での助言の入れ方は、非常に難しいです。もちろん、いじめにつながるような話し合いもないとは言えませんから、そういう人権に関わることがあれば、教師は介入しなければいけませんが、助言の視点はいくつかあると思います。

基本的には、「子供に任せることのできない条件」として次のような視点が取り上げられると思います。①個人情報やプライバシーに関する問題、②相手を傷つけるような結果が予想される問題、③教育課程の変更に関する問題、④校内のきまりや施設・設備の利用の変更などに関する問題、⑤金銭の徴収に関する問題、⑥健康・安全に関する問題、などです。また、いじめ問題ということを視野に入れると、いじめる側の心理を把握し、対処していくことも求められます。

例えば、心理的なストレス、集団内の異質な者への嫌悪感情、ねたみや嫉妬感情、遊び感覚やふざけ意識、いじめの被害者となることへの回避感情等が挙げられます。これらは、日常的な学級経営の中での教師としての指導助言の範疇であるとともに、集団を対象とする学級会での助言としても考えておきたい視点です。

杉田　助言にしても指導にしても、入門期と定着期、低学年と高学年、経験の少ない学級とそうでない学級など、「発達の段階」に配慮する必要があります。傾向としては、低学年ではもう少し口を出すべきで、高学年ではもう少し見守ってほしいと感じることが多いように思います。つまり、合意するとはどういうことか、司会の進行はどうあったらよいかなどは、しっかり説明したり、教師がやってみせたりする必要があると思っています。学級会のオリエンテーションの指導も有効活用したいものです。

学級会の指導で大事なのは、まず主張を育て、次に主張をゴリ押しすることはわがままだということを教えて、それから協働させていく。この手順が大事だと思います。ところが、子供にしっかり主張させていないうちに合意を教え、協働させてしまうわけです。みんなに合わせることを優先するから、日本人は何を考えているかわからないと海外の人は思うんじゃないでしょうか。

◆形骸化している、振り返り

杉田　学級会の振り返りについて、「発言できたか、できなかったか」を評価して、次に生かすというだけの形骸化も気になっています。また、これは、絶対にやめてほしいと思うのは、「今日のヒーロー」のような取組です。意外にこれをやっている人が多いのですが、褒められるのは同じ子ばかりとなりやすいのです。

意義付けや価値付けをする仕事は、教師の大事な役割です。ちょっとした頑張り、子供たちには見えない努力などを褒めることができるのは、平等な立場で子供たちを見られる教師だからです。そんな教師の姿から、「比較でない評価」など、子供たちも何かを感じることができるのではないでしょうか。

稲垣

学級会での「今日のヒーロー」もそうですが、帰りの会の「今日のMVP」という活動も気になります。学級には、授業の中での序列がどうしても反映してしまいます。それがわかっている子供たちの中に、生活の中でも序列を付けてどうするのでしょうか。全員が必ずヒーローやMVPとして取り上げられるのならばいいでしょうが、そんなことはありません。その観点から言うならば、学級会というのはどの子も全員がヒーローです。限られた子供だけがヒーローではない。こういうことは評価の場面でもあって、学級会ノートの評価の項目に、「発言できたか」というのがあります。

しかし、緘黙傾向にある子供はなかなか発言できないわけだから、評価欄にはずっと△や×がつけられることになります。でも、他との比較ではなく、その子なりの個人内評価では「前の自分」よりも努力していることがあるはずです。そこを評価する欄を設けてあげたらどうかと、私は指導したことがあります。これは、いわゆる縦断面的個人内評価で、本人の成長の度合いに視点を当てていく評価方法であり、このような視点は特別活動でさらに取り入れていきたい大切な視点だと思います。これは、本人の諸特性の中で優れたものを取り上げる横断面的個人内評価とは異なります。

杉田

特別活動の自己評価は、何ができなかったかではなく、どんなことを頑張れたのかの加点評価でいいと思っています。学級会の振り返りは、教師による意義付けや価値付けによって、次の実行段階へのステップに向けてオープンエンドにしたいものです。その点では、その都度、話し合いの仕方だけを振り返るようなことはどうなのかと思っています。また、決められたという事実だけを褒めるのではなく、その経緯や背景にどんな子供たちの議論や思考の流れ、思いなどがあったのかを再確認しておく必要があります。そのことが、実行の際の子供たちの行為・行動につながってほしいからです。総意として決定されたことの根拠が、その後の実践における人の行動を方向付けるという側面があることを大事にしたいものです。

むしろ、決まったことに対して、自分はどんな頑張りをしたいのかを意思決定する場にしたいのです。これは、学級活動(2)(3)の機能ではありますが、社会的自己実現という意味ではとても重要なことだと考えています。

稲垣 杉田先生が、個人としての振り返りが抜けているという話をされましたが、特別活動には四つ評価の対象がありますね。まず教師と子供に大きく二つに分かれて、教師の方では指導計画と指導方法の評価を行い、子供の方では集団の変容と個人の変容の評価を行います。そうすると、集団の中での自分の役割が決まった段階で自分がどうしようと思わないかぎり、事後に評価はできないわけですから、その意味でも意思決定のない学級活動はありえません。

ある実践者は、事前の評価、話し合いのときの評価、実践活動の評価を、一枚で表記できるようなやり方をしていました。実践活動をやり終えてみると、話し合いで自分の意見はこうだったけれど、やってみたらこう考えるべきだったとか、自分の意見が仮に通らなくても、実践の中で満たされたということがあるので、やはり学級会や実践活動もすべてを通して振り返りをする必要があります。また、個人の振り返りにおいては、次の学級会や次の実践活動のときはこうしたいということまで子供に書かせるようにしていました。そういうものがないと、振り返りが形式的になって、何のためにやっているのかがよくわからなくなってしまいます。

また、学級会の指導案の中に、個々の子供の実態、個々の子供の育てたい力、こうなってほしいという願いの三つを記載する実践者もいました。もちろん振り返りの時点で教師の願いと子供の実態の間にズレがあることもたくさんありましたが、大変困難な学級を受け持つことが多い担任こそ、振り返りの重要性が身に沁みていたようです。振り返りでは、学級会で決めてこういう実践をしたけれども、みんながまとまらなかった。さらにこうしないと学級はよくならないという次のめあてまで書かせるなど、次に結び付くような振り返り、次のめあてになるような振り返りになることを目指すことが求められると思います。

振り返りは、自己分析や学級の実態を分析することにつながるから大事なのだと思います。私が今、指導に入っている学級会での評価は、子供の活動にとってどうなのかという視点での評価につながる振り返りとなるように努めています。

ある学級会の印象的な実践を紹介します。そのクラスの学級会では、ハロウィーンの衣装でおにごっこをすることに決まりました。しかし、その日は暑くて、子供たちが途中で衣装を脱ごうとしました。そのとき、私が尊敬する実践者は、「自分たちで決めたことだから絶対脱いじゃダメ」と言って衣装を脱がさなかったということがありました。どうしてという顔をする子供たちに向かって、「自分たちで決めたことは必ずやりなさい。どうしても脱ぎたいんだったら、もう一回みんなで話し合って、みんなで決めてから脱ぎなさい」と言いました。私にはすごく印象的な場面でした。

みんなで決めたことはそれくらい重みがあるのだということを示せば、子供たちは次もまた本気で話し合うのではないでしょうか。そういうところから子供の気持ちを奮い立たせていかないと、なかなか本気で行われるような学級会にならないと思います。

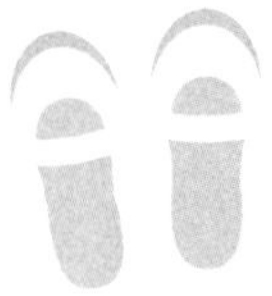

第4章 学級活動⑵⑶はこうしてみよう

◆学級活動⑵⑶では、意思決定が重要

杉田

学級活動⑵⑶では、いかにして重い意思決定をさせられるかが、指導のポイントです。では、意思決定とは何でしょう。キャリア教育においては、意思決定の「思」は「志」なのかもしれません。また、生徒指導や適応指導の流れをくむ学級活動⑵で言えば、「自己決定」と表現した方がわかりやすかったのかもしれません。いずれにしても、どちらにも共有できる「意思決定」という言葉で学習指導要領に示されることになったのです。

ある意味、私たちの生活は、意思決定の連続と言ってもよいでしょう。朝起きて窓

稲垣

を開けるとか、どの服を着ようかとか、どの道を歩いて出勤しようかなどです。しかし、ここで言う意思決定は、そのような軽い決定ではありません。自己の成長のために「このことは何としても改善しなければならないとか、こんな努力が必要不可欠だ」などの強い決意や覚悟を背景にもった「生き方・在り方」に関わる重い決定を指します。まさに自己の生き方や在り方に関わるものであり、成長の糧になるような行為・行動に結び付くものでなければならないと思っています。

もともと学級活動(2)は、生徒指導の機能を授業として具現化する時間として行われていたものです。そこに言われる自己決定も、元来は杉田先生が言われたような重い意味合いを持っていたのでしょうが、どうしても授業の中では具体的な行動目標に落とすことが最優先されてきたために、数値の行動目標にすることと、なぜそう意思決定したのかという根拠が少し離れてしまっているような現実があるような気がします。例えば、食育の授業では、具体的にニンジンを一口食べるようにするなどと意思決定をするわけですが、果たして一時間かけてやるような内容なのかという疑問と、その意思決定が社会や集団との関係や自己責任を伴うものなのかという疑問が生まれてきます。

意思決定についてはなかなか難しいところで、杉田先生のお話を聞いていて思ったのは、自己肯定感というときにも、他者との関わりや過程を通して感じる自己有用感がそれに並行して存在することがあるわけです。この意思決定の場合も単なる自分だけの決定ではない関係概念のような気がします。ただ、そうはいっても、重い意味での意思決定をするには、自分がどんな人間なのかという現状の自己理解がないと、なかなかそのような意思決定には結び付かないと思います。その意味で、学級活動(2)(3)の授業を見ていますが、現実の授業はまだこれからという感が否めないですね。

杉田

自己を客観的に理解する力、メタ認知能力の高い子供ほど、また、生活向上意欲が高い子供ほど、重い意思決定ができます。自分自身の課題を認識し、それを重く受け止め、改善したいと強く願うからこそ、真剣に考え、努力すべきことを具体的に意思決定し、粘り強く努力もするのです。

通称『緑本』(国立教育政策研究所の指導資料)には、学級活動(2)(3)の授業の基本的な学習過程として、「つかむ」「さぐる」「見付ける」「決める」が示されています。これは、子供たちを主語として学習のステップを示したものです。具体的に「つかむ」とは、今回の授業で取り上げる「学級全員に共通する問題とは何か」を、しっかりと受け止める段階です。「さぐる」とは、その問題の原因としてどんなことが考えられるのか、あるいはその問題をなぜ解決する必要があるのかの理由、またはその両方について考え、明確にする段階です。「見付ける」とは、その問題を解決するための方法を、みんなの知恵を出し合う段階です。そして、「決める」とは、それらを参考に、自分自身が努力したいことを意思決定する段階です。

◆自己実現を授業化した学級活動(2)(3)

杉田　学級活動の(2)と(3)は、今般、特別活動が育成を目指す資質・能力として示された三つの視点のうち、「自己実現」を中核に据えて授業化したものと考えてよいでしょう。「改善したい自分」「なりたい自分」を明らかにし、そのための実践上の課題(ハードル)を立て、自分自身でそれを越えていこうとする活動です。大事なことは、このような一連の活動を繰り返すことで、実際に問題が解決できたかどうかだけでなく、「努力することは大切だ」ということを体得できるようにしたり、「自分もやればできる」という自己効力感を味わえるようにしたりして、自己指導能力やキャリア形成に結び付けることです。

その際、子供たちが立てるハードルが「またいでも越えられるような低い課題」「絶対飛び越えられないような高すぎる課題」にならないように指導する必要があります。「どうせやったって…」というような「無力感」を味わわせてしまうことにもなりかねないからです。

稲垣

学級活動(2)の食育の活動の最後で、子供が自分で決めたこととして、「少しでも野菜を食べるように努力したい」などと書くことがあります。このようなことは、子供たちは最初からわかっています。しかし、わかっていてもできないことを少しでもできるようにするような意思決定の仕方を指導していきたいところです。

例えば、私は、具体的な行動目標を毎月更新するように、子供や教師に繰り返し指導していました。子供が数値化した行動目標を立てるということをどの学校でも実践していると思いますが、残念ながら毎月更新することができている学校はなかなかないのが現状です。必ず今月の行動目標ができたかどうかを振り返り、行動目標の見直しをすることを継続して行ったら、子供たちが変わりました。もちろん子供が行動目標を継続するというのであれば、更新しなくてもいいわけです。子供に声かけをすれば、教師も更新を意識します。教師も忙しい日々ですから、根気強くできるように励まさないと、なかなか子供に目が向かないということもあります。

それから、これは前にちょっと述べましたが、あらゆる場面で選択制を取り入れました。先ほどは音読とマラソンカードの例を挙げました。子供が選択することになぜ意味があるかというと、自分で考えて選択をし、それを振り返って新たに目標を設定するという学習過程を繰り返していくと、子供は自分自身をよく見つめることができるようになります。子供がしっかり自分を見つめて振り返れば、教師も根気強く子供の日々の生活を見取ることになります。そうすると、子供も教師を見るようになります。これを徹してやることで学校が大きく変わったと思います。校長としては、特別活動のすばらしさを語るとともに、具体的な指導の手だてを示さなければなりませんが、こうした手法は学級活動(2)と(3)の理念を具現化したものだと思います。

杉田　学級活動の(2)(3)は、「終わりよければすべてよし」の授業と言ってよいでしょう。つまり、いくら展開の前段や中段で、さまざまな学習の工夫があっても、それが最終的にその子供が努力しようと思えるような意思決定に結び付かなければよい授業とは言えないからです。

その点で、失敗する授業には、共通する課題があります。「つかむ―さぐる―見付ける―決める」のステップにおいて、子供たちの思考の道筋がスムーズにいかないのです。普通、「つかむ」の段階では、学級に共通する課題が提示されます。また、「さぐる―見付ける」の段階でも同様に、一般的に考えられる原因や解決方法について話し合われることになります。つまり、ここまでは、「私たち」を主語にした思考が続くのです。しかし、肝心の最終段階の「決める」になって、「あなたはどうしますか」と「私」を主語としたことを問われることになってしまっているのです。そのため、自分に合った解決方法などが意思決定しにくいのです。

展開の前段や中段において「私たちは」について考えながらも、私にとっては何が問題かとか、私にとっては何が原因か、などと考えられるようにしておく必要があるのです。

稲垣

特に、学級活動(2)の研究授業を見ていて思うことがあります。それは、「見付ける」から「決める」の段階で、子供たちの多様な意見を取り上げて教師が板書していくことはよいことだと思いますが、子供から出された意見だけを書いているという現状があります。これでは、子供たちのよりよい意思決定には結び付きにくいと感じています。授業者に、「子供が出してきた意見以外に、先生が指導事項として取り上げたいことはありませんでしたか」と聞くと多くの場合、「ありました」という回答が返ってきます。

大切なのは、教師が指導事項を明確にもち、「みんなから出された意見は、どれもすばらしいね。でも私は、こういうことを考えてみたけど、どうでしょうか」と投げかけることが求められるのだと思います。要するに、学級活動(2)は、教師が指導すべき視点を明確にもって、授業に臨むことが重要だと思っています。

◆授業時数の少なさをどうするか

稲垣

注目を浴びている学級活動(3)ですが、その授業時数は必然的に少なくなります。学校のカリキュラムや実態によりますが、本当にこの学級や学年にとってやらなければならない学級活動(3)は何かを考え、絞る作業が必要になりますね。

特に、学級活動(3)で取り上げられる「ア　現在や将来に希望や目標をもって生きる意欲や態度の形成(生きること)、イ　社会参画意識の醸成や働くことの意義の理解(働くこと)、ウ　主体的な学習態度の形成と学校図書館等の活用(学ぶこと)」のバランスについても、学校としての研究推進によって独自性をもたせることがあるかもしれません。

杉田　授業時数が限られる中で学級活動(3)に何時間程度充てればよいかということについては、関心が高いようです。学級活動(3)には、三つの内容が示されていますので、最低三回は行うことになります。特に、アの現在や将来に希望や目標をもって生きる意欲や態度の形成については、年度当初の「〇年生になって」と年度途中の「〇年生に向けて」の二回は必要になります。三学期制に合わせてその都度取り上げたいと考えた場合は、三時間が必要になり、全体で五時間ということになるかもしれません。

学級活動(2)や(3)の精選のためのヒントの一つは、カリキュラム・マネジメントにあります。例えば、学級活動で取り上げる健康教育、食育、将来に希望や目標をもつことも、学ぶことも、働くことも、学級活動の一単位時間で取り扱っただけでは、深く考えたり、重い意思決定をしたりすることはできないものが多いのです。例えば、それは、総合的な学習の時間のテーマになるようなものばかりです。また、道徳科が取り上げている内容とも重なりがあります。

稲垣

そう考えると、例えば、「食」や「健康」、「将来を考える」、「働く」、「社会に役立つ」ということについて探究的に学び、学級活動でそれらを生かして、明日から問題を改善するための努力を始めたり、学習や生活への意欲につなげたり、将来の生き方を考えたりするなどの工夫が求められるでしょう。総合的な学習の時間において、二分の一成人式に関わる探究的な活動をしたことや「中学校生活とは」という課題で調べ学習したことなどを生かして、学級活動(3)の「五年生に向けて」や「中学校に向けて」という授業を行うなどは、その例です。

また、道徳科の「B 主として人との関わりに関すること」での学びと、学級活動の(2)の「イ よりよい人間関係の形成」での学びを響き合わせることが考えられます。また、道徳科の「C 主として集団や社会との関わりに関すること」での学びと、学級活動(3)の「イ 社会参画意識の醸成や働くことの意義の理解」の学びを関連付けることも考えられます。

そこは、学校のカリキュラム・マネジメントとして対処するということになりますね。特に、総合的な学習の時間、道徳科等との関連は、それぞれで取り組むねらいを明確にして、学校全体でのカリキュラム・マネジメントが重要になります。

ある学校では、よりよい人間関係を築くために、構成的グループエンカウンターやアサーショントレーニング等の社会的なスキルを取り入れたいということで、総合的な学習の時間に「人間関係プログラム」と題して、年度当初や学期末、学期始め等に活動を取り入れている事例があります。人間関係だからといって、これらのスキルを安易に学級活動に取り入れるという考え方は、望ましくないことは周知の通りです。まさに、特別活動と他教科等とは「往還関係」にあることから、各学校でのカリキュラム・マネジメントが求められるのだと思います。

杉田　家庭科で栄養の三要素を学んだり、保健体育で病気やケガの予防の学びをしたりしています。それらを学級活動で重ねて行うようなことを避けることも、精選につながります。また、朝の会や帰りの会、給食や清掃時などに行う日常の指導や、各種の機会を通して行う生徒指導などを充実させることで、学級活動での指導を精選することも考えられます。

稲垣　まさに、今のような視点が求められると思います。授業の内容が削減されているわけではなく、授業時数が増えている中で、校長が教科等の連携を推進するなり、教務主任や特別活動主任がそれを提案するなりしないかぎり、本当に学校はもうアップアップの状態です。教育課程をどう編成していくかということを考えざるをえないです。各々が自由に自分の専門分野を行えばいい、という時代ではなくなりました。

働き方改革の中で、指導要録の書き方さえも簡略化していく時代です。学校の中にいっぱいある安全教育、情報教育、環境教育などの○○教育の精査が余儀なく行われたとき、それらの多くは、キャリア教育という分野に包含されていく部分があるのではないかと思います。学校経営上、校長としては、○○教育のあれもこれも手を付けたけれど、結局子供の力になっていないということがないように、学校の特色を生かした教育課程を編成しなければなりません。

第5章 キャリア教育と特別活動

◆キャリア教育の要としての特別活動

杉田

今般の学習指導要領において、特別活動がキャリア教育の要の役割を果たすことが示されました。道徳科は、これまで全教育活動で行われている道徳教育の要の時間として位置付けられてきました。また、総合的な学習の時間は、各教科等で学んだことを生かし、「教科横断的な学習課題」を設定し、探究的な学習を展開する役割が期待されています。すなわち、どちらも教育課程上の役割が明確になっているのです。

それに対し、特別活動は、同じ教科外でありながら、その点がこれまで不明確でした。しかし、「キャリア教育の要」と位置付けられたことにより、特別活動の教育課程における役割が明確になったと言っていいでしょう。

では、なぜ、特別活動がキャリア教育の要なのでしょうか。その第一は、キャリア教育が育成を目指す基礎的・汎用的能力と特別活動が育成を目指す資質・能力に重なりが大きいということです。具体的には、基礎的・汎用的能力の「人間関係形成・社会形成能力」と「課題対応能力」は、特別活動が育成を目指す「人間関係形成」、「社会参画」と重なりが大きいのです。また、基礎的・汎用的能力の「キャリアプランニング能力」と「自己理解・自己管理能力」は、特別活動が育成を目指す「自己実現」と重なりが大きいのです

第二に、キャリア教育が、実社会で生きて働く能力の育成を求めており、座学だけではなく、「なすことによって学ぶ」を指導原理とした特別活動での体験がとても有効だということです。

第三に、学級活動(3)「一人一人のキャリア形成と自己実現」が、小学校に新設され、これにより、小・中・高等学校が一本につながったことです。子供たちは、学校での教科学習だけでなく家庭や地域でもさまざまな学びをしています。また、役割を果たすことや働くことも、目標をもって努力することも、多様な場面で経験しています。し

かし、それらは、断片的で一過性で、つながっていませんでした。そこで、学級活動(3)の授業は、それら学校、家庭および地域における学習や生活などでの経験を振り返り、結び付けることにより、それらを生かして新たな学習生活への意欲につなげたり、将来の生き方を考えたりする役割を果たすのです。学習指導要領には、「その際、児童(生徒)が活動を記録し蓄積する教材等を活用すること」と示しています。いわゆる「キャリア・パスポート」です。

ここまで述べてきたように、学級活動(3)の授業が特別活動におけるキャリア教育のすべてのように捉えてしまう人がいますが、そうではありません。育てたい資質・能力としては、人間関係形成や社会参画に直接関わる自発的、自治的な活動の果たす役割は、特に重要なのです。特に、小学校から高等学校までつないでいくキャリア・パスポートは、その様式ばかりに目が向いていますが、そこに記録し、将来読み直し、生かしたくなるような記録が残せるような豊かな体験にすることができるかどうかが問われているのです。

つまり、記録として残しておくことは、みんなで苦労して何かをやり遂げるような自治的な活動や学校行事などでの体験が、とても重要なのです。その点では、残すべきは、必ずしも言葉だけでなく、写真や成長の証としての手形・足型などがあってもいいでしょう。また、成功体験だけでなく、失敗体験やそれを成功に変えたなどの経験も残せるようにしたいものです。

稲垣

ここで改めて、語句の整理をしてみますと、中教審「今後の学校におけるキャリア教育・職業教育の在り方について（答申）」では、キャリア教育とは「一人一人の社会的・職業的自立に向け、必要な基盤となる能力や態度を育てることを通して、キャリア発達を促す教育」とし、文中のキャリア発達とは、「社会の中で自分の役割を果たしながら、自分らしい生き方を実現していく過程のことである」としています。

学校教育でキャリア教育を実践するのは、単に進学や就職といった「進路」だけでなく、自分の大切にしている価値に気付き、それをもとにしながら生き方を考えることでもあります。ゆえに、キャリア教育は、自己認識を深めるだけでなく、他者との関係性、さらには生きていく社会に対する見方・考え方を獲得し、主体的に社会にどのように関与していくかについても考える教育活動になることから、特別活動がキャリア教育の要としての役割を担うことの重要性が問われるのだと思います。

◆特別活動は変わるべき？

杉田　特別活動に、キャリア教育の要としての役割が期待されたことで、「これまでの特別活動を変える必要があるのか」との質問を受けることがあります。そんなとき、「今までの活動を何も変える必要はない。しかし、今までと指導は変える必要がある。それは、今般の学習指導要領改訂の趣旨を踏まえて指導に当たることを意味している」と回答しています。言い換えれば、教師は、これまであまり認識してこなかった基礎的、汎用的能力の育成、すなわち、特別活動で育成を目指す三つの資質・能力の視点を意識して指導に当たる必要があるし、子供たちがその三つの資質・能力の視点を意識して活動に取り組めるようにする必要があるということです。

そのように考えたら、学級活動の各種ワークシート一つとっても改善する余地が出てきます。例えば、一連の活動について「特別活動が育成を目指す三つの視点」で目標をもって記録したり、それを振り返ったりすることができるようにするなどの工夫はその例です。また、それを一目瞭然でいつでも確認できるようにするため、学級会ノートや自己決定カードなどを、例えば、子供たちが問題の発見から、解決方法の決定、実践、振り返りまでを一枚にまとめて記録できるようにすることが考えられます。

また、学級活動(3)「一人一人のキャリア形成と自己実現」が新設されたことにより、「(2)の指導と(3)の指導を区別する必要があるか」という質問も受けます。そのとき、「指導過程は同じです。しかし、教師が意識すること、子供たちが意識できるようにすることはそれぞれ特徴付けたい」と答えています。そのルーツが生徒指導にある学級活動(2)とキャリア教育にある学級活動(3)は、共通することが多いが、目的の違いを意識する必要があると考えているからです。例えば、「つかむ―さぐる―見付ける―決める」の指導過程は同じなので、それぞれの段階の捉え方の違いを意識するのです。掃除であれば、うまくできていないことをできるようにするなど改善の視点で考える(2)と、今していることと将来をつないで考え、その意義を理解し、意識的に努力をしようとする視点で考える(3)では、その指導の視点は変わってくるのです。

また、中学校への進学で言えば、小・中学校での生活や学習の違いを認識できるようにすることは同じでも、それをネガティブに捉えて、だから今、このようなことに努力しておかねばと考えられるようにする(2)と、それをポジティブに捉え、だから今からこんなことに頑張っておきたいと考えられるようにするのとでは、微妙に指導が変わってくるのだと思います。

そのため、例えば、「つかむ」の捉え方について、(2)では、今の自分の課題をつかむ、(3)では、明日(将来)の自分を描くと考えられるようにしたり、(2)では、ありたい自分を目指す、(3)ではなりたい自分を目指すと区別をして捉えたりしたら、わかりやすいのかもしれません。

◆キャリア・パスポートを見直す

稲垣

「キャリア・パスポート」の様式例と指導上の留意事項には、キャリア・パスポートの目的を次のように整理しています。「小学校から高等学校を通じて、児童生徒にとっては、自らの学習状況やキャリア形成を見通したり、振り返ったりして、自己評価を行うとともに、主体的に学びに向かう力を育み、自己実現につなぐもの。教師にとっては、その記述をもとに対話的に関わることによって、児童生徒の成長を促し、系統的な指導に資するもの」。

また、その定義については、次のように示しています。

「『キャリア・パスポート』とは、児童生徒が、小学校から高等学校までのキャリア教育に関わる諸活動について、特別活動の学級活動及びホームルーム活動を中心として、各教科等と往還し、自らの学習状況やキャリア形成を見通したり振り返ったりしながら、自身の変容や成長を自己評価できるよう工夫されたポートフォリオのことである。なお、その記述や自己評価の指導にあたっては、教師が対話的に関わり、児童生徒一人一人の目標修正などの改善を支援し、個性を伸ばす指導へとつなげながら、学校、家庭及び地域における学びを自己のキャリア形成に生かそうとする態度を養うように努めなければならない」。特に、具体的な様式については、「A4判(両面使用可)に統一」され、「各学年での蓄積は、五枚以内」となっていることから、学校としての方針を明確にすることが求められています。

杉田

小学校の学級活動に(3)「一人一人のキャリア形成と自己実現」が新設され、小学校段階から高等学校まで一貫して作成・活用する通称キャリア・パスポートの運用が求められました。学習指導要領特別活動編には、この(3)の「内容の取扱い」として、「学校、家庭及び地域における学習や生活の見通しを立て、学んだことを振り返りながら、新たな学習や生活への意欲につなげたり、将来の生き方を考えたりする活動を行うこと。その際、児童が活動を記録し蓄積する教材等を活用すること」と示されました。つまり、この教材等をいかに工夫し、それをどのようにキャリア・パスポートとして活用していくかの工夫が各学校に求められたのです。

とはいえ、働き方改革が求められる中、過度に教師の負担を増すようなキャリア・パスポートの作成と活用は、現実的ではないでしょう。その点では、学級活動(3)では、これまでも「○年生になって」とか、「○年生に向けて」や「もうすぐ○年生」という題材において、新たな学習や生活への意欲につなげたり、将来の生き方を考えたりする学習活動を展開してきており、この時間をどのように活用するかが課題になります。

具体的には、これまでも意思決定したことを書いたり、評価したりするシートを活用していましたが、それをそのままキャリア・パスポートにするぐらいの効率化が必要なのではないかと思っています。当然、活用の仕方が変われば、そこに書くべきことなども工夫が必要なのだと思います。

また、各種学校行事は、これまで個々の子供がめあてを設定し、それに基づいて努力したり協働したりする活動を通して、個人や学級・学校集団の成長に寄与してきました。それは、キャリア教育が目指す基礎的・汎用的な能力を養う場としても機能してきたのですから、その一連のP-D-C-Aサイクルの過程をしっかりと記録することで、キャリア・パスポートへの記録の一つに活用するという発想も大事になってきます。このことは、児童会活動やクラブ活動においても同様のことが言えます。

稲垣 そう考えた場合、学級活動(3)や学校行事などにおいて、何をどのように記録していくのか、それをどのように振り返って次に生かすのかということを学校として明確にしておく必要があります。例えば、どんなめあてを意思決定したのか、それに基づいてどんな努力や協働をしたのか、そのことによって何を学んだのか、それらを次にどのように生かそうとしているのかなど、必ずしもうまくいったことだけではなく、失敗したこと、そこから学んだことも含めて記録できるようにして、それをそのままキャリア・パスポートとして活用できれば効率的なのだと思います。

キャリア・パスポートについては、まさに杉田先生の言われた通りで、教育課程において特別活動は、キャリア教育の要と位置付けられたわけですから、「要」を具現化するものとしてこれを現実化しないといけないことは言うまでもありません。笛吹けど踊らずではないですが、やれと言われても行われないような事態は避けなければいけないですから、今、学校で使っているものを見直し、ポートフォリオに入れるものを改めてつくらなくてもいいような形にするべきでしょう。キャリア形成につながるかという視点で基礎資料を収集し、学校としてのキャリア・パスポートへの取組を構築したいところです。

例えば、ある学校では年度当初の一枚めは、「〇年生になって」の授業で、児童が事前の指導段階で、「将来の夢」等を記入し、本時の授業で知育・徳育・体育の視点で努力したい行動目標を意思決定し、事後の指導で教師からのコメントや家庭からの励ましなどを記載するという活用方法をとっています。また、二枚めは学校行事の運動会、三枚めは修学旅行や宿泊学習等の取組、四枚めは年度末に一年間を振り返って、次年度に向けた取組を行うという方法をとっています。残った一枚については、その子なりに取り上げたい項目（例えば、スポーツ少年団、習い事、家庭や地域での様子など）にするため、事前に規定しないという方法をとっています。裏面も活用できることから、それぞれの取組の振り返りを記入するという方法も考えられます。

いずれにせよ、キャリア・パスポートを作成するために、学級活動の時間を割くというような本末転倒な活動とならないように、基礎資料と記載事項との関連を明らかにしておく必要があると思います。

第6章 特別活動の手法は、学校経営にも活用できる

◆「チーム学校」にするには、特別活動が役立つ

杉田

学級担任が、どうしたらよりよい児童集団をつくることができるようになるのかということに悩んでいる校長先生が多くいます。そして、そのために特別活動の活用が大切だとの認識も拡がりつつあります。

そんな校長先生には、特別活動の中心的な活動は、「児童生徒の話し合い活動にあり」、その「基本は日々の教科指導における言語活動にある」ということを伝えることにしています。時間があれば、アクティブ・ラーニングの授業において、「聞く、読む」のインプットとともに、「話す、書く」のアウトプットをいっそう重視する必要性を

伝え、その具体的な方法について解説することにしています。このことは、特別活動に関心の低い校長先生も興味を持ち、参考になるようです。

また、日本式学校生活の特徴が日本式カリキュラムに反映されていること、すなわち、日本の学校は、授業だけでなく生活も教育の対象にしていることを説明します。例えば、朝の会、帰りの会、日直当番、清掃、休み時間、縦割り班活動などの学校生活を大事にするなど、学校を一つの社会にしているところに特徴があります。

だからこそ、そんな社会を自分たちでどう楽しく豊かにするか、そこで起こった問題をどう解決していくか、そのような社会の中で自分自身がどんな役割を担うのか、また、それらの経験を通してどのように成長していきたいかなどについて話し合う場である学級活動や児童会・生徒会活動が位置付けられていることを認識してもらいます。またそれらを具体的に実現する場として、クラブ活動や学校行事がカリキュラムに位置付けられているのが日本式の特徴であることも理解してもらうようにしています。

また、学校づくりについては、教職員をいかにチームにしていくかという話もします。どんな学級や学校でも、目指すべき方向を共有していなければ、ただの人の集まりにすぎません。糸の切れた凧みたいな集団にしないために目指す学校像、子供像を共有する必要があります。その上で、何をなすべきかを見定め、組織で取り組む必要があります。なすべきことは、校長のリーダーシップで提示してもいいし、ボトムアップで教師の意見を集約して決めてもいいのです。大事なことは、それを受けて、それぞれの教師が同じ方向に向かってやるべきことに責任をもって実行に移すことです。

一方で、教師だけでつくった学級、学校は、真によい集団にはなりません。学級担任が代わってしまったら元の木阿弥ということはよくあります。また、力で子供たちを抑えつければ優しい先生への態度等に問題が転嫁されるだけです。児童生徒自身がよりよい学級づくりの担い手になろうとしなければ、真によい学級にはなりません。いじめは、教師の見ていないところで行われており、子供自身が「しない、させない、ゆるさない」と思い、行動するようにならなければ真の未然防止にはならないのです。

稲垣　共通の方向付け、方向の共通認識、構成員による協働などということは、どこの会社でも学校でも組織として一緒だと思います。

私は、教職員に次のような話をすることがあります。それは「レンガ運びの職人」の話です。レンガ運びをしている一人の職人に「あなたは何をしているのですか」と質問をしたところ、その職人は「見てわかるだろう。単なるつまらないレンガ運びだよ」と答えました。次に別の職人に同じ質問をすると、その職人は「レンガを運んで、この城の壁をつくっているんだよ」と答えました。そして、また別の職人に同じ質問をすると、その職人は「レンガを運んで、この国で一番立派な城をつくっているんだよ」と答えたという話です。

これと似た逸話に、一九六九年、人類で初めて月面に到着したアメリカのアポロ一一号の建造にまつわる話があります。この開発には、科学者や技術者をはじめ建設作業員等四〇万人の人が携わったそうですが、当時のケネディ大統領がNASA（アメリカ航空宇宙局）を視察に訪れたとき、廊下にいた清掃員に「あなたは何の仕事をしているのですか」と尋ねると、その清掃員は「大統領、私は人類を月に送るのを手伝っています」と答えたといいます。どちらにも共通していることは、目的意識を明確にもち、自らの仕事に誇りをもって取り組む姿勢です。このことは、学校組織の一員としての教職員、学級の一員としての子供たちの意識によって、教育活動も大きく変わってくることを物語っていると思います。

ときどき特別活動の研究に取り組んでいるのに、子供たちに変化が表れないという場合があります。それは、単に特別活動に取り組んだというだけでは効果は期待できないということを意味します。つまり、「何のための特別活動か」とか、「どんな姿勢で子供たちと関わったのか」など、特別活動の理念とその活用について教師たちが共有できているかどうかがすごく重要なのです。

また、特別活動の理念が子供たちにもしっかりと伝わっていることも大事なことです。特別活動への取組を通し、子供たちから「活力」や「柔らかさ」などを感じられるようになれば、さらに確信をもってその指導に力が入り、もっと子供たちが成長していくという正のスパイラルの軌道に乗るからです。そのような成果は、特別活動への疑念をもっていた教師たちもおのずと巻き込まれ、学校全体としての成果を実感できるようになります。一見、即効性はないと思われる特別活動かもしれませんが、子供たちへの変化は意外と早く表れ始めます。また、特別活動で身に付いた子供たちの自主性や自治力、協働性やチーム力は、多くの教師が入れ替わっても、簡単に崩れないという特徴もあります。

稲垣

校長として、職員を指導する場合には、目的や理念の重要性を説きつつも、具体的な教職員としての行動様式を提示しないとなかなか学校は変わっていかないように感じてきました。具体的には、私も委員として参加しましたが、文部科学省で令和元年度に発行した『心のバリアフリーノート』の「どの子も安心して活躍できる学級経営の視点（例）」が参考になると思います。

「環境整備」については、八点取り上げられています。例えば、①教室前面の掲示物は最小限にします。（学校教育目標・学級目標程度）、③掲示物の下地となる色画用紙の色に配慮します。（グリーンやベージュなどの落ち着いた色）。「組織づくり」については五点取り上げており、例えば、①協力して日直ができるようにします。（一人でなく二人以上での担当）、②どの子も活躍できる場面リーダー制を活用します。（学級会での計画委員の輪番制など）。「授業づくり」については、一二点取り上げており、例えば、⑦グループ学習では役割を明確にします。（司会、記録、まとめ、発表者等の役割と進め方の明確化）、⑫授業での誤答を大切に扱います。（誤答が授業の内容を深めるよう、子供が発言しやすいような雰囲気づくり）。「教師の言葉かけ」については、八点取り上げており、例えば、①前置きして話します。（これから三つの話をします。一つ目は、二つ目は、三つ目は〜）、②肯定的な言葉をかけます。（「〜できなかったら〜しない」ではなく、「〜したら〜しましょう」）とあります。

このような具体的な指導の手だて、そしてイメージ化を全職員が共通認識することにより、チーム学校としての意識が高まり、学校の風土が変わっていくのだと思います。それは、まさに校長自身が実践してきた特別活動、学級経営の視点が学校経営に大きく寄与していくのだと思います。

◆成果主義が、学校をダメにする

杉田　校長が特別活動を活用したチームづくりをしようとする場合、最も大きな課題になるのが、昨今の教師や児童生徒の成果第一主義の風潮です。今、日本の国全体がそこに向かっているように見えます。誰かが何かを失敗したら、一斉にネットで攻撃し、二度と立ち上がれないようにしてしまうような空気感があります。学校にも教室にも、保護者の中にも、そんな空気が蔓延し始めているように思います。

それは、バブル時代が崩壊し、経済が低迷し、企業が終身雇用や年功序列を止め、数値で見える成績などの結果で給与を支給したり、ポストを与えたりするようになったのが始まりだったように思います。その後、児童生徒の学力も教師の仕事も数値化され、競争が目的化されるような風潮も出てきています。

杉田先生が言われるように、大変なクラスを受け持って努力しても、すぐに成果など出ないのが現状です。教育に関わる事柄がすべて数値で出せるわけがないと思いながら、教師が提出した数値目標が書かれた自己評価シートを校長として評価することになります。自己評価シートの中に「チームワーク行動」という項目があります。その項目はあえて全員をA評価にしています。A評価でないと、問題のある教師ということになってしまいます。絶対評価という建前ですが、必ずA評価が何%という相対評価のような形で数値が出されます。だから、このように教職員を値踏みするという役割を課せられる学校管理職になろうという教師がなかなかいないのもわかります。

教育の成果を数値で表すことには限界があります。ただ、現代はさまざまな保護者や社会の要請が学校に押し寄せているのも現実です。開かれた学校として、学校に関わる外部の人々との話し合いの機会も多くなり、今は、学校の教育活動を広報しなければならない時代です。その際、学力面での数値の伸びや体力面での数値の変化など、広く提示することが求められているという現状も否めません。また、子供たちの地域での挨拶や登下校の様子、問題行動に関わる内容や不登校に関する話し合いもさまざまな場面で行われます。学校としては、さまざまな問題の対症療法だけではなく、子供たち主体の学校文化を創造し、すべての子供たちが大切にされ、認められる教育活動を展開する中で、保護者や地域の皆さんにご理解いただくように、どの学校も努めていると思います。

杉田　本来、教室は、子供たちにとって「間違えていいところ」だったのではないでしょうか。間違いや失敗が許し合えず、違いや多様性が排除されるような学校や教室の中で、教師も子供も自分らしさを発揮し、楽しくのびのび成長できるでしょうか。ましてや、成果第一主義の考え方の中で、個人を犠牲にして集団が成り立っても意味がないでしょう。また、個人がわがままを言って集団をばらばらにしてしまえば正義が通らなくなります。みんな違ってみんないいという自立の側面と、みんな違ってみんないいではすまないこともあるという共生の側面のどちらも成り立たせようとすることに、特別活動は正面から向き合ってきたのです。

稲垣　本当にそうです。間違いを許せない学校や学級で、自尊感情などが育つはずがないです。教師も自分なりに自尊感情がもてないと、モチベーションが維持できないです。

◆失敗をしてもいいのが、学校

稲垣　以前、他の仕事から転職して教師になった人がいました。そのキャリアを教師生活に生かせばいいのですが、「もっといい給料がもらえるところがあれば、私はいつでも辞める」というようなことを他の職員に話していたそうです。そういう教師が一人いると、やはり一生懸命やっている学校の空気が変わってきます。

かって地域の皆さんの協力を得て、田植えの体験活動を教育課程に位置付けていた学校でのことです。ある教師が、田植えの前に田を耕す「代掻き」を何としても子供たちに体験させたいと言ってきました。「代掻き」となれば、子供たちは泥んこになります。その泥んこの子供たちの泥をどうやってきれいに落とすのかが問題となりました。教職員で知恵を出した結果、プール掃除の日に、子供たちの泥を落としながら実施することにしました。この「代掻き」は新聞にも取り上げられ、地域の名物となる学校行事となりました。この実践は、担任と子供の思いを全教職員で叶えたいという情熱から生まれたものです。ただ、教職員には、さまざまな家庭の事情もありますので、何よりも教職員一人一人をさまざまなものさしで、そのよさを見取るように努

杉田

めていきたいと思っていました。

本学（國學院大學）では神道精神を、「日本人としての主体性を保持した寛容性と謙虚さ」と捉えています。つまり「許す」ことを前提とした生き方です。「お互いさま」は、まさにその日本人としての精神です。つまり、このような精神のもとに行われる適度な競争は、生きて働くし、同時に、結果だけでなく、その努力や過程が評価される中で共に成長し合えるのです。特別活動の理念は、まさに「競争から共創へ」、「個性と共生の両立」を理念としています。

例えば、学校という職場においては、教師たちも「お互いさま」や「許す」ということが大事なのだと思います。介護中や子育て中の

教師は、通常の教師と同じ仕事はできませんので、その分、若い人が補うのは当然のことです。また、ベテランの教師は若い人が失敗してもただ責めるだけでなく、次に生かす指導をする必要があるでしょう。

稲垣　私が最初に学校の教職員に呼びかけた言葉が、杉田先生が言われたことと同じ内容でした。私は、誰しも家庭の事情等があるから、そういう人が嫌な思いを絶対にしない学校や職場にしようと教職員に話しました。私がいた学校はナイター設備があり、夜も社会体育等で校庭を使うために、校庭に引いたトラックのラインが消えてしまう学校でした。毎朝、トラックのラインを引かないといけない状況でした。子育てで学校に来るのがいつもギリギリとなる優秀な教師がいましたが、朝、ラインを引こうと思っても引けないわけです。しかし、そのような状況の職員でも、教師が職場の中で認められ、支えられていると思えば、「帰らなくていいのか」と尋ねても、「今日は家族にお願いしているので、残らせてください」と言うようになるんです。

杉田　「私たちばかりやっているけど、あいつはやっていない」というような教職員の雰囲気になると、だんだん職員室に寄り付かなくなります。これは学級と同じです。社会も学校もストレスの多い社会になりつつあります。そのような中、今後は、かかったストレスを強いストレスとして受け取らず、生きる目的や次の目標に変えられるレジリエンスの能力を養っていくことも大事なことだと思っています。子供たちは、現実の生活の中で、失敗したり試練を与えられたりすることはよくあります。それだけでは、ただの苦しみでしかありませんが、その失敗や試練を乗り越えられれば「生きる力」につながります。その意味では、失敗から学ぶとか、トライ・アンド・エラーでよりよい学級をつくっていくための指導を、いっそう重視していく必要があると思っています。

◆学校教育目標を変える

杉田　稲垣先生は、学校経営を特別活動の手法で行われました。最初に、学校教育目標自体を変えられたんですね。

稲垣　そうです。私が校長として赴任した小学校は創立一四〇年以上の学校だということもあって、なかなか学校教育目標を変えるということは難しかったんですが、子供主体の学校に変えるため、学校改革のためには必要だと考えたのです。

杉田　よくも悪くも、校長の役割というのは大きいですね。

稲垣　保護者の願いと教師の願いと子供の思いを生かしながら学校教育目標をつくりました。今日、「学級目標設定に関するアンケートのお願い」という保護者宛ての文書の実物を持ってきましたが、これは、校長名として四月九日付けで全保護者に依頼して、こんな子供に育ってほしいという願いを記入していただいたものです。学校教育目標が決まったら、学校教育目標から学級目標に連動するような形で学級目標を設定するやり方や、それを具体的にどう行動に移すかということなどの一連の流れを教師に指導しました。

杉田　学校教育目標を変えるというのは、ちょっと勇気のいる方法ですね。なぜそこまでやろうと思ったのですか。

稲垣　伝統のある学校に赴任したとき、学校教育目標の文言が難しく、教師も子供も学校教育目標を言えず、単なる飾りとなっていました。そこで、子供たちに親しみやすく、誰もがすぐわかるように、学校の頭文字をとって知育、徳育、体育の三つの視点で学校教育目標を変えました。また、文末を「〇〇の子」として、子供の姿がわかるようにするとともに個を生かす教育活動へと転換しました。その後、その学校では、児童会を中心に子供たちが学校のキャラクターを作成し、昇降口には四季折々のキャラクターが登場するという学校文化が創造され、まさに子供たちが主体的に学校文化をつくるという学校の空気ができていたように感じました。児童会のテーマとして、大きな看板に「みんなでつくろう○○小学校」という文字を作成したことも、学校のよりよい伝統になったものと思います。

それともう一つは、学校の中の教師層の二極化です。ベテラン層と若手層のみで中間層の教師がいない状況でした。これまでの経験ではっきりしていることは、年齢の高い教師が前を向いていない学校はうまくいかないということです。若い教師と同じようにできなくても、それを支えるような関係にならないと極めて学校経営が難しくなります。この二極化を乗り越えていくのはなかなか大変です。学校教育目標を変えるというのはとてもインパクトのある方法ですから、初任

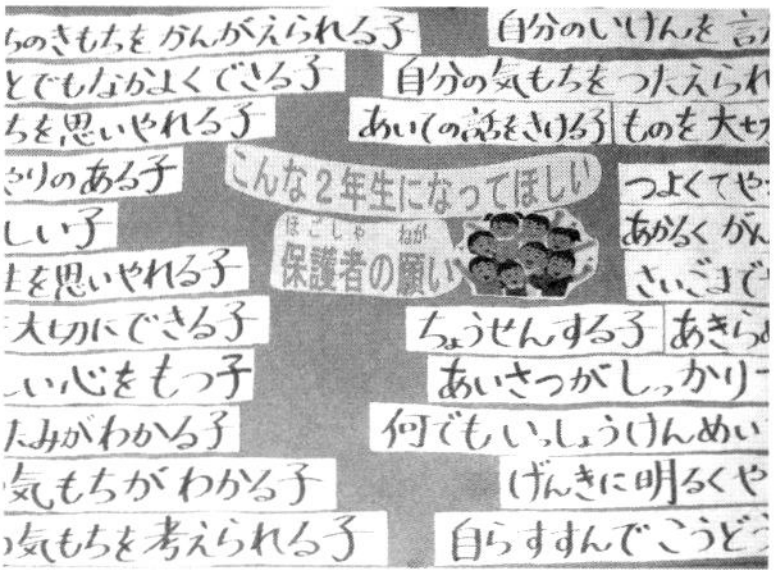

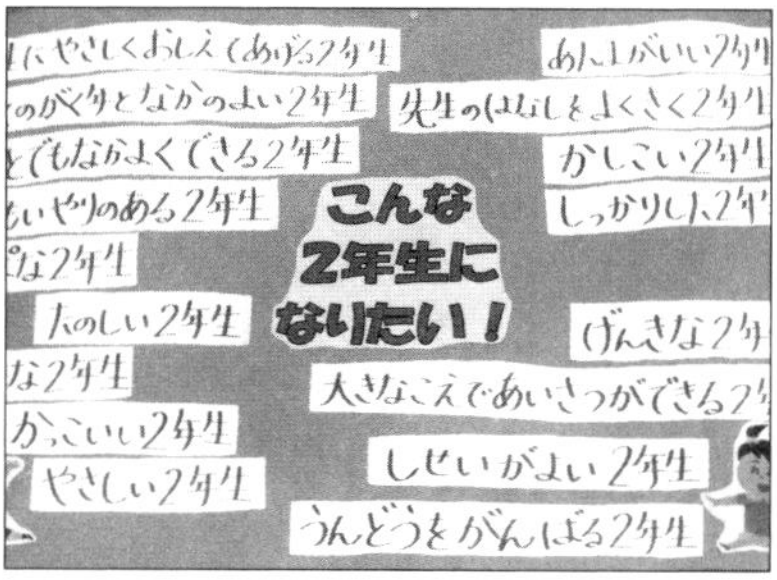

者の学級もベテランの学級も一気に同じ方向を向くことができます。グランドデザインをできるだけ簡潔に、またわかりやすく出すのは現実的になかなか難しいものです。

杉田　ピラミッド型ではなく、ひょうたん型の年齢バランスになっている今の学校においては、教師力の連鎖が効果的に働きにくいのですね。その中で、誰もが頑張れ、力が発揮できるようにすることは簡単なことではないと思います。

稲垣　それから、私が校長としてどの学校でも行ったことが二つあります。

一つは、特別支援学級を学校の中核に据えることです。もしその子たちが排斥されるような雰囲気が学校や学級に微塵でもあれば、力の弱い子やうまく発言できない子が安心して生活できなくなることに直結します。だから、一部の子だけがうまくいくのではなく、どの子にも可能性があるという姿勢に徹してもらうように教師を指導します。もう一つは、教育指導のスタンダードの作成です。教職員が共通して指導すべきことをA３判一枚にまとめて、学校教育目標を具現化する具体的な行動を示したもので、私の起案を全教職員に回覧して赤を入れてもらってつくり上げます。内容は、基本的な教師の姿勢、登校時・下校時、朝の会・帰りの会、学習規律、発表の仕方、板書、教室掲示、家庭学習などの約束です。

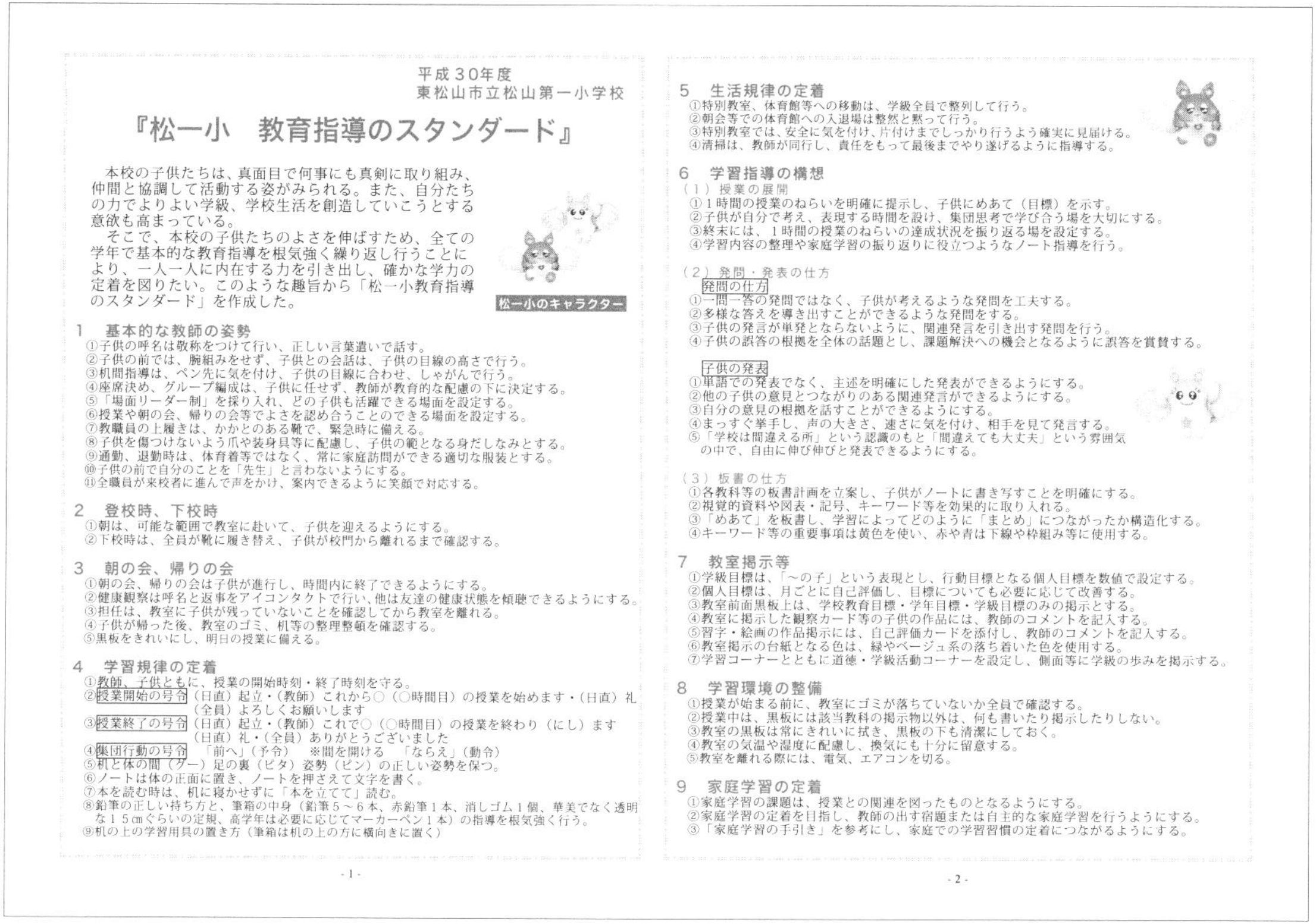

平成30年度
東松山市立松山第一小学校

『松一小　教育指導のスタンダード』

本校の子供たちは、真面目で何事にも真剣に取り組み、仲間と協調して活動する姿がみられる。また、自分たちの力でよりよい学級、学校生活を創造していこうとする意欲も高まっている。

そこで、本校の子供たちのよさを伸ばすため、全ての学年で基本的な教育指導を根気強く繰り返し行うことにより、一人一人に内在する力を引き出し、確かな学力の定着を図りたい。このような趣旨から「松一小教育指導のスタンダード」を作成した。

1　基本的な教師の姿勢

①子供の呼名は敬称をつけて行い、正しい言葉遣いで話す。
②子供の前では、腕組みをせず、子供との会話は、子供の目線の高さで行う。
③机間指導は、ペン先に気を付け、子供の目線に合わせ、しゃがんで行う。
④座席決め、グループ編成は、子供に任せず、教師が教育的な配慮の下に決定する。
⑤「場面リーダー制」を採り入れ、どの子供も活躍できる場面を設定する。
⑥授業や朝の会、帰りの会等でよさを認め合うことのできる場面を設定する。
⑦教職員の上履きは、かかとのある靴で、緊急時に備える。
⑧子供を傷つけないよう爪や装身具等に配慮し、子供の範となる身だしなみとする。
⑨通勤、退勤時は、体育着等ではなく、常に家庭訪問ができる適切な服装とする。
⑩子供の前で自分のことを「先生」と言わないようにする。
⑪全職員が来校者に進んで声をかけ、案内できるように笑顔で対応する。

2　登校時、下校時

①朝は、可能な範囲で教室に赴いて、子供を迎えるようにする。
②下校時は、全員が靴に履き替え、子供が校門から離れるまで確認する。

3　朝の会、帰りの会

①朝の会、帰りの会は子供が進行し、時間内に終了できるようにする。
②健康観察は呼名と返事をアイコンタクトで行い、他は友達の健康状態を傾聴できるようにする。
③担任は、教室に子供が残っていないことを確認してから教室を離れる。
④子供が帰った後、教室のゴミ、机等の整理整頓を確認する。
⑤黒板をきれいにし、明日の授業に備える。

4　学習規律の定着

①教師、子供ともに、授業の開始時刻・終了時刻を守る。
②授業開始の号令　（日直）起立・（教師）これから○（○時間目）の授業を始めます・（日直）礼
　（全員）よろしくお願いします
③授業終了の号令　（日直）起立・（教師）これで○（○時間目）の授業を終わり（にし）ます
　（日直）礼・（全員）ありがとうございました
④集団行動の号令　「前へ」（予令）　※間を開ける　「ならえ」（動令）
⑤机と体の間（グー）足の裏（ピタ）姿勢（ピン）の正しい姿勢を保つ。
⑥ノートは体の正面に置き、ノートを押さえて文字を書く。
⑦本を読む時は、机に寝かせずに「本を立てて」読む。
⑧鉛筆の正しい持ち方と、筆箱の中身（鉛筆5～6本、赤鉛筆1本、消しゴム1個、華美でなく透明な15㎝ぐらいの定規、高学年は必要に応じてマーカーペン1本）の指導を根気強く行う。
⑨机の上の学習用具の置き方（筆箱は机の上の方に横向きに置く）

- 1 -

5　生活規律の定着

①特別教室、体育館等への移動は、学級全員で整列して行う。
②朝会等での体育館への入退場は整然と黙って行う。
③特別教室では、安全に気を付け、片付けまでしっかり行うよう確実に見届ける。
④清掃は、教師が同行し、責任をもって最後までやり遂げるように指導する。

6　学習指導の構想

（1）授業の展開
①1時間の授業のねらいを明確に提示し、子供にめあて（目標）を示す。
②子供が自分で考え、表現する時間を設け、集団思考で学び合う場を大切にする。
③終末には、1時間の授業のねらいの達成状況を振り返る場を設定する。
④学習内容の整理や家庭学習の振り返りに役立つようなノート指導を行う。

（2）発問・発表の仕方
発問の仕方
①一問一答の発問ではなく、子供が考えるような発問を工夫する。
②多様な答えを導き出すことができるような発問をする。
③子供の発言が単発とならないように、関連発言を引き出す発問を行う。
④子供の誤答の根拠を全体の話題とし、課題解決への機会となるように誤答を賞賛する。

子供の発表
①単語での発表でなく、主述を明確にした発表ができるようにする。
②他の子供の意見とつながりのある関連発言ができるようにする。
③自分の意見の根拠を話すことができるようにする。
④まっすぐ挙手し、声の大きさ、速さに気を付け、相手を見て発言する。
⑤「学校は間違える所」という認識のもと「間違えても大丈夫」という雰囲気の中で、自由に伸び伸びと発表できるようにする。

（3）板書の仕方
①各教科等の板書計画を立案し、子供がノートに書き写すことを明確にする。
②視覚的資料や図表・記号、キーワード等を効果的に取り入れる。
③「めあて」を板書し、学習によってどのように「まとめ」につながったか構造化する。
④キーワード等の重要事項は黄色を使い、赤や青は下線や枠組み等に使用する。

7　教室掲示等

①学級目標は、「～の子」という表現とし、行動目標となる個人目標を数値で設定する。
②個人目標は、月ごとに自己評価し、目標についても必要に応じて改善する。
③教室前面黒板上は、学校教育目標・学年目標・学級目標のみの掲示とする。
④教室に掲示した観察カード等の子供の作品には、教師のコメントを記入する。
⑤習字・絵画の作品掲示には、自己評価カードを添付し、教師のコメントを記入する。
⑥教室掲示の台紙となる色は、緑やベージュ系の落ち着いた色を使用する。
⑦学習コーナーとともに道徳・学級活動コーナーを設定し、側面等に学級の歩みを掲示する。

8　学習環境の整備

①授業が始まる前に、教室にゴミが落ちていないか全員で確認する。
②授業中は、黒板には該当教科の掲示物以外は、何も書いたり掲示したりしない。
③教室の黒板は常にきれいに拭き、黒板の下も清潔にしておく。
④教室の気温や湿度に配慮し、換気にも十分に留意する。
⑤教室を離れる際には、電気、エアコンを切る。

9　家庭学習の定着

①家庭学習の課題は、授業との関連を図ったものとなるようにする。
②家庭学習の定着を目指し、教師の出す宿題または自主的な家庭学習を行うようにする。
③「家庭学習の手引き」を参考にし、家庭での学習習慣の定着につながるようにする。

- 2 -

松一小の教育指導のスタンダード

◆教科等に、特別活動の学習過程を適用

稲垣

松山第一小学校では、平成三〇年度国立教育政策研究所実践研究協力校として「『主体的・対話的で深い学び』に結びつく授業の創造：学級活動と各教科等の往還関係を築く学習活動を通して」という研究主題で研究実践に取り組んできました。何をしたかというと、特別活動の手法には学級活動(2)(3)の導入で「つかむ」という段階があり、学級活動(1)で「出し合う」「比べ合う」「まとめる」の段階があり、すべての活動で「振り返る」という学習過程があります。この一連の学習過程を他の教科等でも同じように学習過程を組んだということです。具体的には、道徳科、体育科、外国語活動、特別支援などで同じ学習過程にして、特別活動と教科との間を実際に往還させました。子供にとっては、どの教科等でも同じような学習過程ですから、そんなに難しいことではなかったと思います。この研究について、研究発表会を行いましたが、全国から多くの参観者を迎えることができました。校長として、最も誇れることは、特別支援学級と言語・難聴の通級指導教室を含め、すべての学級で授業公開できたことです。当たり前のことのようですが、特定の学年だけの公開ではなく、全学級での公開を

実施するには、学校がチームとして同じ方向を向いて協働する体制がなければ難しいものだと思います。公開後の教職員の充実した表情に、校長としての喜びを感じた一コマでした。また、本研究実践事例をまとめて論文にしたところ、第三五回「道徳と特別活動の教育研究賞」（財団法人総合初等教育研究所主催）にて文部科学大臣賞を受賞しました。PTAが横断幕をつくって校舎に飾ってくれたことはうれしかったですね。幸いなことに、前任の小学校の実践でも第三二回の論文で同じ賞をいただくことができ、子供たちや教職員には感謝の気持ちでいっぱいです。保護者には、子供たちが自分たちの力で主体的に話し合って、自分たちの力で学校をよりよくしようとすることを中心に研究を進めましたと説明してきましたが、なかなか特別活動という分野のことは理解しにくい面があったのが現実です。

杉田

稲垣先生がされたことを一言で言えば、SDGsやユニバーサルデザインの考え方の追求と言っていいでしょう。子供たちの人権を根底に据え、一人一人の主体的で自主的な活動を特質としている特別活動の学びのプロセスは、まさにその点を大事にしたのですが、それを教科における学習過程のプロセスにも生かしたということですね。エジプトで導入をしているTOKKATSUの学級活動の話し合いも、このようなわかりやすい型があったから、比較的スムーズに理解が進んだように思います。

稲垣

稲垣先生は第一章で特別活動と学力には相関関係があると言われましたが、学校経営に特別活動を導入してみて、他にはどのような効果がありましたか。

他に効果があったと思うことは、ケガをする子が激減したことと、欠席者数が激減したことです。養護教員が不思議がっていましたね。やはり子供たちが教師に言われて行動することから、自分で具体的な行動目標を立てて実践し、振り返りを行って自らの行動目標を改善していくという取組を全学級で根気強く行ったことによるものではないかと思います。また、数値には表れませんが、子供たちの間に、自分たちでよりよい学校をつくろうとする雰囲気が醸成されていたというのも大きな成果だと思います。特に、児童会活動を中心に、異年齢集団での活動が活性化され、児童会での提案によって前述したような特技発表会など、学校文化が創造されていったと思います。そのような教育活動を展開していく中で、生徒指導上の問題も解決していくのだと思います。その根幹は、特別活動の推進によって、教師の子供観が変わったことだと思います。さらに、教えることが先にある教科指導とは異なり、子供の実態から教育活動を構想する特別活動の理念が浸透したとき、学校は大きく変わるのだと思います。

特別活動を学校経営に生かす視点は、まず個を生かすということです。特別活動では、学校行事、児童会、クラブ活動などさまざまに集団活動を行います。そのとき、集団を優先するというものの考え方をするのではなくて、前述の自己実現に近いところもありますが、一人一人の子供を生かせるような集団活動の取り組み方をすることだと思います。そうでないと、単に学校行事をしただけに終わってしまいます。

次に、子供たちの自主的な活動を大切にすることです。そうしないと、どうしても教師主導になることが多いと思います。例えば、学校で体罰事件が起きたという報道があったときに、なぜ子供にしつけをするのかという話を教職員にしたことがあります。しつけというのは、人の言うことを聞くようになることや、大人から言われることを言われる通りにしなさいということがしつけではなくて、自分が自分でこう生きたいと自分で判断できるようにすることがしつけではないかと教師に話しました。

それから、ちょっと話がそれますが、これはどの校長でも考えると思いますが、できるだけいい職場になるようにしようということで、嫌なことは校長がやるようにしていました。例えば、保護者からのクレームがきたときには真っ先に対応しました。

杉田　かつては主幹教諭や教頭が先に対応するという時代でしたが、今はもう校長が前面に出ないと解決できない時代ですから。

稲垣　どう対応するんですか。

保護者が校長室を出るときに笑って帰るようにする、という決意をもって面談していました。仮に保護者が怒鳴り込んできても、帰るときには「よかった」と思ってもらって、帰そうという決意です。現実的には自分の後ろには、誰もいませんから。そうしないと、やはり教師を守ることや教師からの信頼も得られないと思います。

保護者との面談では、大切な子供を介して、私と保護者の皆さんは、同じ仲間なんだからというスタンスです。私はこの子を大事に預かっているし、お父さんお母さんと同じ仲間として、これからこの子にとって何がいいか一緒に考えていこうという考え方です。だから、話していけば理解し合えると思います。そして、「また来てくださいい」と笑顔で見送ることができたように感じます。それをある職員は「校長マジック」と言っていたと聞きました。きっと、校長が前を向き、腹をくって取り組めば、問題や課題はよりよく解決するものと思います。私は、教職員に問題場面等が発生したときに、次のように話しました。

「事実そのものは変わらないけど、見方を変えれば未来が拓けるはずです」と。

◆先生方による学級会をやってみる

杉田　学級担任が学級経営に特別活動を効果的に活用したいと考えることと、校長が学校経営に特別活動を活用したいと考えることは、軌を一にしています。よい学級の形成者として身に付けたい子供たちの見方・考え方は、よい学校の形成者として教師が身に付けておいてほしい見方・考え方とは同じものだからです。

そこで、特別活動の研究に取り組み始めたばかりの学校には、教師による学級会をしてもらうことにしています。そのことにより、支持的風土がどの程度醸成されているのかを判断することができるからです。教師による学級会がうまくできない学校は、支持的風土が弱いのです。案の定、そのような学校では結果として研修もなかなかうまく進まないのです。もちろん、その逆も真なりです。つまり、みんなで知恵を合わせて、違いや多様性を超えて、意見を擦り合わせて合意を形成し、それらをみんなで役割を果たし合いながら成し遂げていくことができる教師集団は、支持的風土が高いのです。だからといって、支持的風土の乏しい学級では、学級会などしても意味がないとか、すでに支持的風土がつくられている学級には学級会などは必要ないというわけではありません。

なぜなら、支持的風土は、教師によってもつくることができますが、子供たちによる子供たちのための支持的風土づくりは、それをより強固にするとともに、学級担任が代わっても持続可能だからです。そして、そのような有効な場が学級会・児童会・生徒会活動などであり、学級会などを繰り返すことで、支持的風土を醸成していくという役割も担っているからです。どちらが卵で、鶏かわかりませんが、どちらも大事にしていく必要があるのです。

特別活動の活用は、生徒指導困難校と言われるような学校において、効果を上げています。特に、そのような学校においては、多くの場合、「ダメなものはダメ」を徹底するなど指示・命令を強化し、上から抑えつける北風方式のような指導になりがちです。そのことにより、安定や規律などは取り戻せますが、子供たちの活力が失われてしまう傾向にもあります。そのような状況においては、お日さま方式の特別活動を並行して重視することで効果を上げやすいのだと思います。その点では、特別活動は、いじめや不登校などの生徒指導上の問題を直接解決するというよりも、未然防止したり、早期発見、早期解消のための土壌をつくったり、学びに向かう集団を形成したりするような役割を果たすのです。

◆ボトムアップ型の学校経営を目指せ

杉田　学校経営に特別活動を活用しようとする校長は、教職員の意見をよく聞き、教職員を信じて任せ、丁寧にコンセンサスを得ながら、協働的に取り組めるようにする傾向があるように思います。子供たちの自主的な活動を大事にする特別活動の理念は、教職員においても同じだと考えているのかもしれません。それは、教職員一人一人の自己実現を大事にした学校運営と言っていいでしょう。

学校経営は、トップダウン型とボトムアップ型に大別できると思います。確かに校長が教職員をグイグイと引っ張るトップダウン型の学校経営が必要な学校もあると思います。それは非常事態には有効ですが、常にそのやり方だとしたら、教職員を疲弊させて効果を上げる方法にも見えます。一方、ボトムアップで校長を支えようとする教師集団による学校運営は、教師の心の安定を生み出し、共感と助け合いによる学校づくりが行われます。これだけ教師の価値観が多様化している中で、抑え込むことでも管理することでもない新たなリーダーシップが求められているのかもしれません。

稲垣

「現状維持は後退」と「継承と改革」。これは私の勤めた市の教育長の方針ですが、校長職の仕事はまさにその通りだと思います。地域の実情、教職員の現状を踏まえ、子供たちの実態に即したよりよい学校教育に向けて改革をしていくという姿勢が不可欠であると感じています。教育課題が山積する現代だからこそ、保身になり受け身になって一つ一つの事案に対症療法的な対応をしていると心身ともに疲弊してしまいます。校長の前向きな姿勢が教職員に伝播し、子供たちに大きな影響を及ぼしていくのだと思います。まずは、校長が子供の実態を踏まえ、子供を中核に据えた学校経営の明確なプランをもち、教職員の判断基準の羅針盤となるような方針を打ち出します。そして、教職員一人一人の特性を生かすための分掌組織を構成し、嫌な思いをする人間がいないような教職員集団をつくるように努めます。一人職を大事にしつつ、いかに全教職員の協働体制を構築するかが校長に課せられる責務であると思います。

あまりに稚拙なことかもしれませんが、私は小規模校の校長であったときには、職員室で教職員の誕生日会を行っていました。そのときの教職員の協働体制は見事であったと記憶しています。また、別の学校では、教職員トイレにあった不祥事防止の標語をすべて貼り替えました。その代わりの標語には、「○○小教職員としての誇りと自覚」と記しました。さらに、「○○市一、あいさつのできる学校」という標語も取り外しました。教育活動の一環である挨拶は、一番という順位を求めるものではないと思うからです。私は「日本一誇れる○○小」という言い方をしてきました。校長の教育理念は、その学校の教育活動を変え、教職員の意識を変え、子供たちの成長に大きな影響を与えるものであると実感しています。

トイレの話で思い出したことがあります。夏休みに、学校のトイレの大規模改修を行うことになりました。このときには、教育委員会の担当者と工事業者との打ち合わせを何度も行います。そこで、私が頑として譲らなかったことがあります。それは、六年生との面談や担任との話の中で出された「廊下で話すと廊下を歩く子の邪魔になるので、他のクラスの友達とも座って話せる場所がほしい」ということでした。私は、この工事を活用するしかないと考え、トイレの流しの向かいにベンチをつくってほしいと熱望しました。そのようなケースはないと最初は難しい状況でしたが、写真のように、何とかセンサー付きでアップライトのベンチをつくることになりました。私は、そこに「このベンチは、児童の発案でできました」と記しました。

第7章 学校の未来と特別活動

◆人の生き方まで変わらない

杉田　次に、特別活動の未来について考えてみたいと思います。

今、時代は変化し、グローバル化、ＩＣＴ化が急速に進み、外国語教育の強化、プログラミング教育などの導入などが求められています。それは、時代の変化を考えれば、当然のことでしょう。とりわけ、誰もがＩＣＴを効果的に活用できる環境の構築と、それを実際に自分が必要な情報を取捨選択するなどして活用できる人間の育成が求められます。また、ネット社会の中で人生を壊してしまうことにならないような知恵も身に付けておくことも必要でしょう。とはいえ、誰もがコンピュータに管理される人生は望んでいないでしょうから、自分の人生を自分の判断で生きていくための「生き方・在り方教育」がよりいっそう重要視されなければなりません。そこに、特別活動の未来に向けた役割の一つがあります。

内閣府は、サイバー空間(仮想空間)とフィジカル空間(現実空間)を高度に融合させたシステムにより、経済発展と社会的課題の解決を両立する、人間中心の社会(Society5.0)の時代の到来を示唆しています。このことを踏まえ、文部科学省は、「公正に個別最適化された学び」を実現する多様な学習の機会と場の提供についていくつかの提言をしています。例えば、学習の個別最適化や異年齢・異学年など多様な協働学習のためのパイロット事業の展開はその一つです。児童生徒一人一人の能力や適性に応じて個別最適化された学びの実現に向けて、スタディ・ログ等を蓄積した学びのポートフォリオを活用しながら、個々人の学習傾向や活動状況(スポーツ、文化、特別活動、部活動、ボランティア等を含む)、各教科・単元の特質等を踏まえた実践的な研究・開発を行おうとしています。

スタディ・ログ等を蓄積した学びのポートフォリオの活用として、EdTechを活用し、個人の学習状況等のスタディ・ログを学びのポートフォリオとして電子化・蓄積し、指導と評価の一体化を加速するとしています。しかし、それは教師としての活用だけでなく、児童生徒が自ら活用できるようにすることを念頭に置いています。まさに、キャリア教育の要としての役割が期待されている特別活動においては、児童生徒が自己実現を目指し、生きることも、働くことも、学ぶことも、主体的、自覚的に目標を設定する学級活動(3)の授業を展開しており、今後、児童生徒自らがスタディ・ログを活用して「個別最適化された学び」の実現に向かうことができるようにするための授業展開ができる可能性を秘めています。

稲垣

　ＡＩの急激な進歩が見られる今こそ、人との関わりを大切にする特別活動の理念が未来を切り拓いていくものと考えます。ＩＣＴをはじめ人間の築いてきたさまざまな進歩は、発明が繰り返され、次の世代に伝承されながら発展を遂げています。

　しかし、どれだけ科学技術が進歩しても、人間が人と関わって構築していく人間関係は伝承できるものではなく、その人が人と関わり、自分なりの人間関係を構築していくしかありません。人間は集団の中で育ちます。他と関わる中で自らの考えを広めたり深めたりし、他と関わりながら自らの感情をコントロールし、自らの生き方を見いだしていきます。ハーバード・メディカル・スクールの研究者が１９３８年から七五年にわたり、七二四人の追跡研究を行った中でわかったことは、人生を最も豊かにするのは「人間関係」であったという報告があります。まさに、学校教育においてその中核を担うのが特別活動であると思います。「人間関係形成」「社会参画」「自己実現」という資質・能力の育成を目指し、特別活動が未来に向けていっそう重視されるべき時代になると考えます。

杉田　すでに、ネット通信制の「N高校」が登場し、直接コミュニケーションをとらずとも、授業、入学式、文化祭など、ネットを通し自宅から参加できるようになっています。また、グーグルがVRで「バーチャル遠足」を提供し、仮想現実を教育現場に持ち込むような動きもあります。近い未来には、自宅でVRを活用し、仮想のランドセルに教材を詰め込み、バーチャル教室に通い、同じく同様の方法で通う他の児童生徒と協働的に生活し、学ぶような授業を受け、仮想現実の世界で運動会も行い、遠足に行くような時代が来るかもしれません。

このように、インターネットによって、教育だけでなく人間関係も大きく変わろうとしています。このような状況を全面的に否定するつもりはありませんし、テクノロジーは積極的に活用する必要がありますが、それらが人間としての幸せにつながっていくような社会にしていかなければなりません。

中央教育審議会答申には、ＡＩに対する人間の強みについて「人工知能がいかに進化しようとも、それが行っているのは与えられた目的の中での処理である。一方で人間は、感性を豊かに働かせながら、どのような未来を創っていくのか、どのように社会や人生をよりよいものにしていくのかという目的を自ら考え出すことができる」との記述があります。ＡＩが得意なのは「最適解」を見いだすことです。それに対して人間の強みは「納得解」を見いだすことです。今後、いっそう激しく変化する社会の中で、幸せな人生を送り、よりよい社会のつくり手を育てていくためには、自分の生き方を自分で意思決定して、自分らしく生きようとしたり、「みんなにとっても、自分にとってもよい」という納得解による合意形成を図り、協働してよりよい生活を築こうとしたりする特別活動の充実が欠かせないのです。

◆異年齢集団活動を深める

稲垣一

特別活動の未来ということで考えると、異年齢での子供同士の関わりは極めて大切だと思います。今の子供たちは兄弟姉妹の数も少ないし、子供会や地域での活動も少なくなってきています。近所との関係も濃いわけではないのです。

学級を中心とした同年齢集団では、気心が知れていて互いに理解しやすい面がありますが、競争心が強くなり、排他的な関係になるという面があります。一方、異年齢集団では、日常的に一緒ではないので相手を理解しにくく、よりよい関係が築きにくい面もありますが、下学年への思いやりや上学年への尊敬などの心が育つという面があります。このように考えると、異年齢集団での活動を多く取り入れ、共に活動する場面を設定していくことの大切さを感じます。まさに、異年齢集団活動を活発に行うことができる教育活動という点で、特別活動は不可欠だと思います。

杉田　世界に目を向けると、多くの優秀な学校はほとんど寄宿舎制であり、異年齢での生活を前提にしています。ハリー・ポッターの世界に登場する魔法学校もそうですし、トヨタ自動車、JR東海、中部電力などが結集して設立された全寮制の中等教育学校「海陽学園」もその一つです。ホームページには、「リーダーに求められる人格と学力を身に付ける」「全寮制のもとで基礎学力と人間力を養う全人教育」などのキャッチフレーズが並んでいます。そこには、異年齢+協働による学びや生活が存在します。

先輩から学ぶ、後輩を先輩が育てるというような関係性がそこにあります。学校は、とりわけ小学校では、そこまではできませんが、特別活動において、「異年齢＋学びや生活づくりとしての協働」の活動をつくり出すことはできます。クラブ活動や児童会活動、縦割り班活動などです。子供たちがやがて出ていく社会も職場も、まさにその原則で成り立っていますので、このような活動を今後、いっそう重視していく必要があるのだと思っています。

稲垣

毎週水曜日の業間の時間は、縦割りの時間にしていました。上学年の子は、下学年の子の面倒を見ていくようになります。当然、下学年の子は、六年生に対する憧れのようなものをもちます。クラスの中では目立たない子も、下学年の子と一緒に活動するときに、その子たちの思いを生かして遊びを決めたりしますから、「ああ、思いやりのある子なんだな」と長所が見えてくることがあります。

だから、そういう子供同士の関わりがあると、六年生の卒業を祝う会では一年生がもう悲しくて仕方ないわけです。六年生がいなくなるということがたまらないんです。そういう深い人間関係ができることはいいことだと思います。

ただ、私がいた学校では、卒業式に参加できるのは三年生以上で、一、二年生は卒業式当日に短い時間でお別れの会をしています。ところが、お別れの会だけに登校させるのは意味がないと、今、お別れの会をやめている学校が増えています。

学校にちょっとだけいて、お別れの会をして帰すというのは、行き帰りの交通も心配だから、安全面も含めて検討した結果、低学年はお休みにするというわけです。安全と言えば、すべて丸く収まるというよくある話です。でも、私の学校では絶対やりますよと教職員には伝えました。やはり、人としてお別れを悲しむような場面が大切だと思います。六年生と一年生の関係が麗しいと保護者も喜んでくれていました。学校によっては、形だけ異年齢集団活動を行っているところがありますが、継続して活動を展開するという取組でないと、現実的な効果はあまり得られないと思います。

杉田　ふと思うことは、もし「学校行事は一切してはいけない」と文部科学省の通達が出されたら、学校は、保護者はどう考えるのだろうということです。入学式もない、卒業式もない、始業式も終業式もない、運動会も遠足もない学校とは…と、想像するだけで日本式学校の崩壊を感じさせます。

くしくも、コロナウイルスの集団感染防止のための全国一斉休校の要請は、卒業式や修了式の自粛や縮小など、それと似た状況を生み出しました。直後から、ネット上

稲垣

には、児童生徒や保護者からの多くの悲しみや切ない声がツイートされました。学校では、「何とかして実施したい」との思いによる校長判断と教師たちの知恵と苦労によって、ビデオをやネットを活用するなどして、工夫した卒業式や送る会、お別れ会などが実施されました。日頃において、特別活動はともすると軽視されがちですし、働き方改革によって安易に縮小してしまっている学校も少なくありません。しかし、潜在的には、日本の先生方にも、保護者にも「その大切さ」を認識している人が少なくないことを改めて感じることができ、うれしく思いました。

感動の卒業式が学校から消えてなくなるかと思うと、寂しくなります。学校行事だけでなく、児童会活動、生徒会活動なども単なる遊びではないわけですから。学校行事というのは、日本の文化を反映しているというか、日本のよさを表しているものだと思います。

私が六年生を担任して必ず行ったのは、一人一人の子供に担任としての思いを込めた「担任からの卒業証書」を作成し、手渡すということでした。その卒業証書の文面には、一人一人の子供のよさを取り上げ、その子が努力してきた様子を記載しました。私が校長になってこの実践を教師に紹介すると、ある教師は私以上の実践を行いました。それは、子供たち一人一人のよさを友達同士で取り上げ、それを文面に盛り込んだ文章をパソコンで作成して印刷し、その上から筆ペンで文字をなぞって仕上げるというものでした。教師として取り上げたその子のよさよりも、子供同士で取り上げたその子のよさの方がすばらしいものであったと感じました。

その様子が写真にあるように、新聞にも「世界に一つの卒業証書」として紹介されました。この子供たちは、このクラスや担任を忘れることなく、人と関わることの大切さを体感した経験を今後の人生に生かしていくものと確信しています。

世界に一つの卒業証書

八和田小 成長たたえ合う28枚

卒業式を24日に控えた小川町立八和田小学校（稲垣孝章校長）の6年生28人が22日、「卒業を祝う会」を開き、クラスメートの頑張りや成長をたたえる〝もう一つの卒業証書〟を一人一人に贈り合った。（磯田正重）

「6年1組の卒業を祝う会をしよう」と提案があったのは、学級会の「にこにこ会議」。「入学以来、同じクラスで過ごした6年間を振り返り、仲間の頑張りや自分たちの成長を認め合えるものにしよう」と決め、思い出に残る行事、クラスや自分が成長したと思う点、一番頑張ったこと、うれしかったことなどのアンケートを取った。

続いて、クラスの卒業証書をどうするか話し合った。全員で一人一人の頑張りやエピソードを書き出した。担当の子が筆ペンで清書し、消しゴムハンコで「6年1組」のマークを押した。卒業証書を貼る台紙の色にもこだわり、28種類を用意した。いわば〝世界で一つの卒業証書〟だ。

一部文面を紹介すると「たくさんの仲間がいる○○さん。困っている友達や一人でいる友達がいると明るく声をかけ手をかして上げていました」「自分の気持ちに正直な○○さん。苦手なことがあってもあきらめずに最後までやり遂げることができました」

「6年1組卒業証書」を手にする6年生と舩田真由美教諭（右端）＝小川町立八和田小学校

小川

「優しい○○さんは下級生からも人気があってみんなにわれてました」「○○さんクラスの代表役として表や司会などの役割を進ん引き受け自覚と責任をもっやり遂げました」など、おいを認め合う内容だ。

祝う会は、はじめの言葉卒業バスケット（ゲーム）6年間の思い出ランキング発表、卒業証書の授与、一一言、歌、おわりの言葉まで全員で分担して行った。子もたちは「みんなでたくさの思い出を振り返ることがきてよかった」「最高の思出ができた」と話した。

6年担任の舩田真由美教は「初めての試みで、よくりました」、稲垣校長は「（児だけの）こんな卒業式は全でもないのでは」と子どもちの成長に目を細めていた。

第8章 世界へ広がる日本式教育「TOKKATSU」

◆エジプトで広まる特別活動

杉田

今、エジプト・アラブ共和国（以下、エジプトと略記）など諸外国で日本式教育の導入が進んでいます。２０１５年１月、安倍晋三首相がエジプトを訪問した際に、エル・シーシー大統領が日本式教育に強い関心を示したことが発端でした。同年一〇月には、これを受けて、日本ではＪＩＣＡ（国際協力機構）が窓口になり、エジプト教育省とも協議しながら二校の小学校（パイロット校）を設置し、「ＴＯＫＫＡＴＳＵ」と称して、掃除、手洗い、日直当番、朝の会や帰りの会、朝ドリル、体力測定などを試行的に始めました。

◆特別活動を受け入れる素地は、コーランにある

稲垣　シーシー大統領はなぜ日本式教育に注目したのでしょうか。また、エジプトに似たようなものはあったのですか。

杉田　エジプトのシーシー大統領は「日本人は歩くコーランである」と讃えるほどの親日家だと聞いています。大統領は、多くのイスラムの国家があるが、その国民は、一日五回もお祈りをしていながら、それを実際に行為・行動に現そうとしていない。しかし、日本には、そのような宗教がなくとも、規律や協働性が高い。その源は、学校教育にあるのではないかと考えておられるようです。

実際、エジプトの方々は、日本人のことを「真面目で、礼儀正しくて、働き者」、日本人のつくる車や電気製品は故障が少なく、品質が高いなどと好意的に見ています。しかし、エジプトと日本の文化的・宗教的な背景の違いが障壁になり、日本式教育の導入は容易に進まない面もありました。例えば、掃除は業者がするもので、なぜ自分の子供たちに掃除をさせるのかと保護者の反発は大きく、「人格形成のために」という校長の説得に多くの時間を要しました。また、日本では当たり前の「背の順で並

ぶ」とか、「並んで順番に物を受け取る」というような考え方に、「なぜ、早く来た者の順ではいけないのか」とか、「なぜ並ばないといけないのか」などと、考えを変えられない子供や保護者が少なくありませんでした。

一方で、教師の指名する特定の子供しかリーダーになれないエジプトの学校において、日直当番が思いのほか、好意的に受け入れられました。子供たちは「私にもリーダー役が回ってきたと喜び、保護者は、我が子にもリーダーができると歓迎しました。そのことで、休まずに学校に通うような子供が増えてきて、役割があれば子供たちは学校に通うようになるのだと新たな発見にもなったようです。否定的だった掃除についても、徐々に子供たちが「学校がきれいになることがうれしい」と言うようになり、保護者は「我が子が家でも掃除をするようになった」などと肯定的に受け止めるようになっていったのです。

そのような状況を受けて、シーシー大統領が2016年2月に日本を公式訪問した際、安倍首相とともに「エジプト日本教育パートナーシップ」（EJEP）を発表しました。その内容には、

・就学前教育や初等教育から高等教育、技術教育にわたる日本式教育の包括的な導入

・日本へのエジプト留学生、研修生数の拡大
・エジプトにおける「ＴＯＫＫＡＴＳＵ」の推進
・日本式教育を適用するモデル校の設置
などが挙げられました。その際、特別活動については、次のように示されました。

特別活動（特活）は、社会的、情緒的、感情的、身体的および知的側面からバランスのとれた子供の発達を目的とした日本式教育課程の基本的構成要素であり、生徒間の積極的な学び合いを促進するため、文化やスポーツ関連の学校行事や学級における教師と子供たちとの双方向の話し合い等の活動を通じて行われるものである。エジプト政府は、エジプトにおいて特別活動を導入することに強い関心を表明した。エジプト政府からの要請に対し、日本政府はエジプトの学校において「特活」を推進していく。

これにより、初等・中等教育においては、特別活動を中心とした日本式教育が、本格的に導入されることになりました。ＪＩＣＡは、特別活動の専門家を必要とし、そこで私に依頼があったのです。一度現地視察をした後、年四回で四年間に渡るプロジェクトについての契約を結び、エジプトでの特別活動の導入における専門家の役割を担うこととなりました。まず始めたのは、エジプト教育・技術教育省（以下、教

育省と略）への助言やパイロット校二校の教師への指導、特別活動のマスタートレーナー（指導主事）の養成などでした。

稲垣　特別活動そのものではなく、特別活動の理念が教育課程の指導の対象として活動から入ったわけですね。

杉田　当時のエジプト人の教師たちは、「日本式教育」＝「特活」と理解していました。朝の五分間補習の算数ドリルや体力測定まで「ＴＯＫＫＡＴＳＵ」と呼んでいました。また、子供中心主義の学校づくりや授業展開などの理念のことをＴＯＫＫＡＴＳＵと理解し、国語をＴＯＫＫＡＴＳＵでやってみたいなどと、アクティブ・ラーニングと混同するような人も少なくなかったのです。この段階で確認できたことは、ＪＩＣＡとしては、文化も環境もまったく異なるエジプトにおいて、多くの学校に負担にならず、簡単に導入でき、その様子を映像にしたときに、誰が見ても日本式だとわかるようなことでなければ導入は不可能というような考え方があったようです。そして、それが結果的に掃除、手洗い、日直当番などだったのです。また、シーシー大統領は、それらの日本式の教育を日本語名で導入したいとの強い思いがあったため、さまざま検討の末、特別活動を略して「ＴＯＫＫＡＴＳＵ」としたようです。

そのため、その誤解を解消し、正しく理解してもらうことから始めたいと思いました。掃除、日直などの当番は、かつて特活のルーツと言われている教科「自由研究」の活動の一つとして行われていたこと、特活は「理念」ではなく「教育内容」であり、学級活動、児童会・生徒会活動、クラブ活動（小学校のみ）、学校行事の四つで構成されていること、特に、学級会がその中心的な活動として展開されていることなどについて、繰り返し説明しました。名称も「TOKKATSU＋（プラス）」と変えて、朝自習や体力測定などを「＋」として区別して導入してもらうことにしました。

ただ、当初は、エジプトにとっては、話し合いはハードルが高く、三年目以降の課題にするつもりでした。しかし、エジプト側は、最初から話し合いに関心を示したことから、学級活動の話し合い活動が中心的に取り入れられるようになりました。このことは、とても大きな改善になりました。また、その上で、音楽や図工、体育などの教科の導入、職員会議、日本式校内研修（授業研究）、教育委員会制度、PTAの組織や地域連携などについても、徐々に導入していく方向に動き始めました。

2017年には、「TOKKATSU」を導入したパイオニア校（それまでは、パイロット校と呼んでいた）が一二校に増え、一二〇人の教師がエジプト人特活指導主事から「ＴＯＫＫＡＴＳＵ」の指導を受け、約八〇〇〇人の児童が「ＴＯＫＫＡＴＳＵ」の実践を始めました。さらに２０１８年には、三五校のエジプト・日本学校（エジプシャン・ジャパニーズ・スクール／ＥＪＳ）が新たに建築され、開校されました。現在それが四〇校まで増え、ＴＯＫＫＡＴＳＵだけでなく、日本式の学校運営も併せて導入されています。エジプト政府は、今後このＥＪＳを新築および既存校を含めて二〇〇校にまで増やす予定です。

私がこれまでエジプトで主にしてきたことは、特活オフィサー（当初マスタートレーナーと呼んでいた、いわゆる日本の指導主事）の養成でした。また、ＥＪＳの教師の指導、保護者や地域、大学関係者への啓発なども行ってきました。

例えば、各地のＥＪＳに出向いて、学校周辺の一般校の先生たちにも集まってもらい、授業研究会をしてきました。学級会と学級指導の授業を見て、協議をしてもらい、コメントをするような指導を繰り返し行っています。アレクサンドリアの北の学校とルクソールやアスワンなどの南の学校では、雰囲気も姿も大分違うのですが、ＥＪＳの教師たちは、みんな学級会と学級指導の違いをよく理解しています。

ある意味、統一的に一気に学級活動を導入してきたので、どこでも「出し合う―比べ合う―まとめる（決める）」の三段階で学級会が行われていますし、「つかむ―さぐる―見付ける―決める」の四段階で学級指導が行われています。その点では、日本よりも確実に同じ指導が行われていると言えます。

稲垣　それはすごいです。日本の中でも指導資料の発行によって、やっと全国で同じような指導方法で取り組むことができるようになったという段階だと思います。日本よりエジプトが先んじるということにならないようにしなければいけませんね。

杉田　ＥＪＳスエズ校で授業研究会をしたときのことです。ＴＯＫＫＡＴＳＵを導入してまだ二か月の学校でしたが、小学校一年生の学級会に感激をしてしまいました。事前に「お楽しみ会」

紅海と地中海を結ぶ運河で有名なエジプトのスエズに開校したEJS(エジプシャン・ジャパニーズ・スクール)で、亡くなったMARAKちゃんに向けて話し合った学級会（１年生）

の話し合いだと聞いていましたが、急遽、議題が変わったという連絡が入りました。

その理由は、一週間前に級友のMARAKちゃんが突然亡くなってしまったということで、その両親とMARAKちゃんに何かしてあげようという議題に変更したというのです。日本の学級会と同様に、司会の自己紹介、提案理由の発表、先生の話に続いて話し合いが始まりました。子供たちからは、「MARAKちゃんのお父さん、お母さんに励ましの手紙を書きたい」「電話をかけてあげたい」「その電話を毎日、交代でしてあげたい」「MARAKちゃんにも手紙を書きたい」「お墓に木を植えてあげたい」などと建設的な意見が次々に出ました。教師が「お墓は遠いので難しい」と助言すると、「それ

アスワンに開校したEJSアッカード校(エジプシャン・ジャパニーズ・スクール)で、学級会の司会グループ(2年生)

学級会終了後に亡くなったMARAKちゃんの絵と一緒に写真撮影

ならば、校庭に木を植えたい」と子供は主張しました。短期間でここまで学級会ができる教師や子供たちの能力の高さに心底驚きました。

数日後、フェイスブックには、子供たちの話し合いによって学級の名前が「MARAK」と変えられたことが投稿されました。このように「TOKKATSU」を指導できるエジプト人の教師はまだ一部にとどまっているとはいえ、特別活動に対する理解や導入はかなり進んでいるのです。

◆すべての公立学校に、ミニ特別活動が入った

杉田　ただ、私としては、高額の授業料を支払わないと入学できないような特別な学校であるEJSだけではなく、国内にある一般校にTOKKATSUが導入されてこそ、今後の国づくりに役立っていくのだという強い思いがあったので、複雑な心境でした。しかし、その後、学習指導要領に週一時間のTOKKATSUが新設されることになり、すべての一般校が学級活動、日直当番、学校行事などのMINITOKKATSUを導入することになり、いよいよその実現に向かって歩み始めることになりま

した。このことは、今の私の大きな希望になっています。

◆これからの課題

杉田　ここまでのエジプトへのTOKKATSUの導入は順調にきていると思います。しかし、今後一般校すべてに導入することを考えたら、課題は山積です。

まず教師のことや教室などの環境面で、日本と異なることがたくさんあることです。例えば、教師の給与が低く、勤務時間が短いこと、休み時間や朝や放課後の自由に使える時間が確保されていないこと、小学校段階から専門の教科を教える教科担任制であること、教室が狭く、共同で使う長机に長椅子などが重くて移動させにくいこと、教室に子供たちが詰め込まれていて身動きができないこと、黒板やホワイトボードが古くマグネットなどが使えないこと、印刷設備がなくワークシートなどが作成できないこと、などなどです。また、指導面での課題もあります。日本の場合、実際の清掃と働くことの意義を学ぶ学級活動の授業を関連付けて行うことができます。給食と食育の指導も同様です。

しかし、掃除など授業以外の活動が行われにくいエジプトでは、実際の生活と話し合いによる指導とを組み合わせて教育することが難しいのです。また、指導者の養成が追いつかず、まったく足りていないという現状もあります。さらには、大学での教師養成の学修内容にＴＯＫＫＡＴＳＵが位置付けられていないこと。また、現役教師がＴＯＫＫＡＴＳＵについて研修する機会が与えられていないことなどです。

今後は、日本からの支援がいつまでも続けられない中で、持続可能なエジプト人によるエジプト人のためのＴＯＫＫＡＴＳＵの実現のため、教育省と相談をしていく必要があります。また、解決の難しいこともあるので、日本式ＴＯＫＫＡＴＳＵをそのままエジプトで普及させようとするような無理をせず、エジプトの教育関係者や国民が納得いく方法で現地化していく必要があります。

一方で、希望もあります。このようなプロジェクトが政権交代などの影響を受けて頓挫してしまうケースがある中で、エジプトの現政権が安定しているということです。また、海外の多くの国々は、多文化・多民族国家であり、違いや多様性を受け入れ共生・協働する力の育成が喫緊の課題になっている中で、エジプトで、もしＴＯＫＫＡＴＳＵが目に見える形で成果を上げることができれば、それはさらに多くの他の国々において、国家としての礎を築く役割を日本式ＴＯＫＫＡＴＳＵが担う可能性を秘めているということです。

稲垣　エジプトでのご活動の話をうかがって、イギリスのシチズンシップ教育のことを思い出しました。これは学習院大学の長沼豊教授が紹介されたもので、市民としてふさわしい資質を養う教育のことです。２００２年からイングランドの中等教育の必修教科として行われているそうです。市民としてふさわしい資質として、①社会的・道徳的責任、②地域社会への参加、③政治的リテラシー、④多様性とアイデンティティという四つの要素があるとされているということでした。

例えば、社会的責任というのは、特別活動における役割遂行に当たり、地域社会への参加というのは、特別活動における社会参画に当たります。世界の教育の潮流の中にも、特別活動と似たような教育活動というか、特別活動の理念を生かすような教育活動があるんだなと感じました。世界が日本式教育のよさを認めているのに、肝心の日本人が特別活動のよさを見失うことがあってはいけないですね。

◆レッスン・スタディ・プラス特別活動

杉田　海外に拡がりつつある日本式教育といえば、教師が互いの授業を参観し合い、協議し、指導力を高め合おうとするレッスン・スタディ（授業研究）があります。現在では、世界各国で、日本式授業研究が盛んに行われるようになっています。そのきっかけになったのが、日本の授業研究のやり方を海外に向けて英語で発信したことでした。そして、そのことに興味をもった多くの国々において、大学の研究者などが関心をもち始め、国を超えた議論の場が設けられるようになったのです。そして、その具体的な方法などについてはＪＩＣＡの青年海外協力隊員などが、現地の学校において草の根的手法で拡散させ、定着させたことによるものでした。

アメリカのミルズ大学のキャサリン・ルイス教授などがその中心的な役割を担ってきましたが、今、そのルイス教授が興味を示されているのが、レッスン・スタディ・プラス特別活動です。結局、授業論や指導法の改善をとことん突き詰めたとしても、そこにいる子供たちが学び合える集団になっていないのであれば、その指導法は役に立たないということなのでしょう。

そんな折、レッスン・スタディの海外展開と同様な道筋で特別活動を世界に発信できないかと考えたのが、東京大学の恒吉僚子教授でした。かつてよりその趣旨を共有してきた私も賛同しつつ協力し合ってきたのですが、折しも、ＯＥＣＤが非認知的能力の育成の重要性を指摘し始め、海外からの日本式教育への関心の高まりもあって、アジアの国々でもＴＯＫＫＡＴＳＵの反響は大きなものになりつつあります。

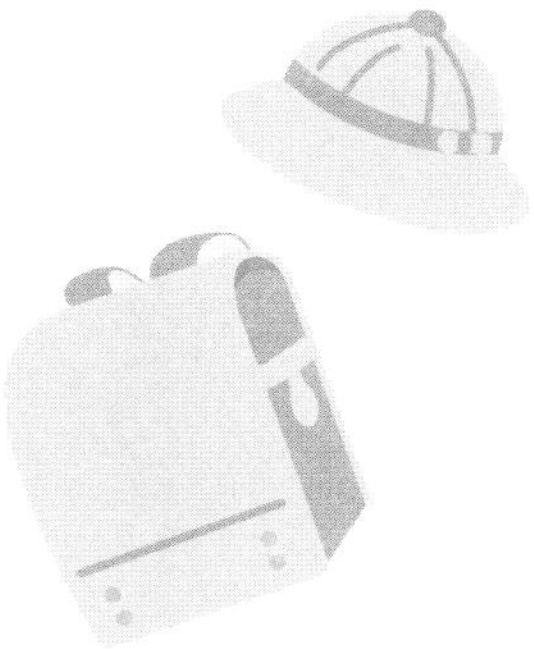

第9章 積極的な特別活動は、「働き方改革」につながる

◆子供に正面から向き合えば、労働時間は長くなる

稲垣　2019年1月、文部科学省は民間企業対象の働き方改革関連法をもとにして教師の残業時間上限に関する指針を策定しました。そこでは、残業時間の上限を原則月四五時間と定めましたが、その後、いじめや学級崩壊への対応などの特別の事情が発生した場合は、月一〇〇時間を超えない範囲まで延長できるという上限超過容認の特例を設けました。働き方改革の問題は学校現場にも押し寄せています。教師はブラック職業だという声が聞かれるようになりました。

杉田　今、退勤時間が設定され、強制的に帰宅させられるような働き方改革が進んでいる

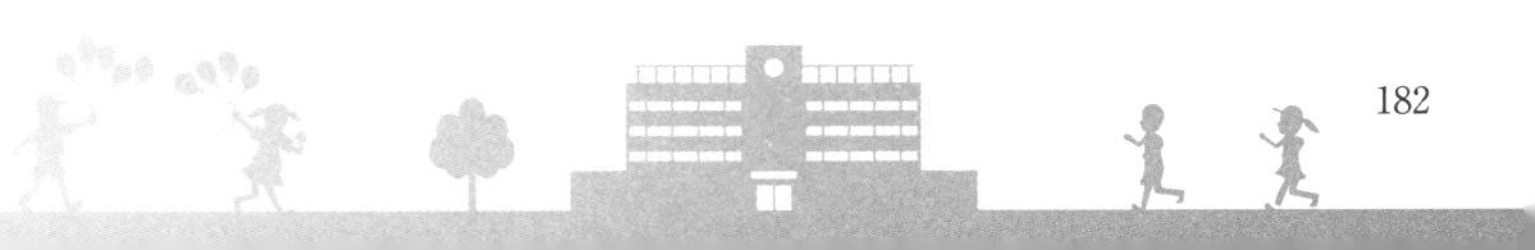

稲垣

という声を聞くことがあります。そうだとすれば、特別活動に熱心な教師というのは、子供に正面から向き合おうとする人たちが多いから、どう転んでも働き方改革に引っかかる人たちです。いつも最高の教師でありたいと思って頑張っている人たちだから、子供に向き合う時間が長くなるのは当たり前のことです。そして、そのような教師は、一度帰ったふりをしてまた学校に戻ってこっそりと仕事をすることになります。こんな前向きな働き方を否定するような教育改革、働き方改革にしてはいけないと思います。日本の教師全体のモチベーションを下げていくことになるからです。

働き方改革として国が定めたことにできるだけ沿うしかありませんが、杉田先生がおっしゃられた視点で働き方改革を考えていけば、確かに労働時間のことだけを取り上げても仕方がありません。どんな職業にしても仕事に際限はないものです。勤務時間は服務として管理しなければなりませんが、嫌々やらされているのか、主体的に取り組んでいるのかによって疲労感も違います。勤務時間の長さと疲労感はあまり関係がありません。例えば、担任は学級通信を出さなくても構いませんが、それを出すことによって子供たちの姿を保護者に伝えられるし、保護者を啓発することもできます。出したいと思えば学級通信を出すのが教師です。そういう教師という職業の特殊性からすれば、労働時間だけで区切ることは難しいのです。

ただ、学校の中には、子供のために時間を費やす教師がいい教師というような雰囲気があることも現実です。教師は、子供のために労を惜しまないし、勤務時間を気にして教師になったわけではないという教師がほとんどだと思います。

学校にはタイムカードが入っていますが、それによって教職員の生活が変わったかというと、ぜんぜん変わっていないのが現状です。時間ではなく、やるべきことを優先しているからそうなるんだと思います。毎朝、ラインを引くという話を前に述べましたが、体育主任等が朝の七時前からラインを引こうとしていたので、七時半前にラインを引くことは禁止にしたんです。それは、朝早く学校に来られる人しかできなくなってしまうからです。学校では、学級の仕事以外の校務分掌に関する仕事が多岐にわたって存在します。体育主任であれば、運動会に向けて膨大な資料を作成するとともに、自ら行動しなければ全体を動かすことは難しくなります。理科主任は理科準備室の整備ができなければ多くの授業に支障をきたします。さまざまな役割を個々の教職員が責任をもって行うとともに、「のりしろ」の部分を全教職員で共有できるようにしないと組織として動くことにはなりません。組織的に動けないと、個々の負担感も大きくなります。やはり組織としての協働体制が働き方改革での中核になると、私は考えます。

杉田

今や、「学校の教師という仕事は、ブラック」という印象が定着しつつあります。教育学部においては、給料のわりに仕事量が多いとの理由で進路変更をする学生も増えつつあります。その結果、教員採用試験の倍率はどんどん下がりつつあります。

これらのことは、結果として本来教師に向いていない人まで合格をしてしまうことになり、途中退職をする初任者の増加にもつながりかねません。

また、病休や育休をとる先生方の代員も探すことができないところまで追い込まれるでしょう。教師という仕事は、確かに苦しいことも大変なこともたくさんあります。しかし、それ以上に喜びも大きいということをしっかりと伝えていく必要があるのだと思います。

ところで、日本の教育は、ローコスト・ハイパフォーマンスとも言われています。教育にかけているお金はOECD加盟国の中でも下の方ですが、その結果は上位です。そして、それを根底から支えているのが、授業とともに生活をも教育の対象にし、全人教育に徹してきた日本の教師たちです。日本には、世界一熱心で、真面目で、子供たちと必死に向き合い、共に悩み、苦しみ、喜び、泣くことができる先生方が大勢いるのです。そして、そのような教師たちのおかげで、数値で測れる学力も、数値で測れない学力も、世界トップクラスの高い水準を維持できているのです。勤務時間をオーバーして働き、ときに我が子よりも優先して目の前の子供のために頑張り、それを子供のちょっとした成長で許せてしまえる教師たちです。

そんな教師たちのしている仕事の一つ一つは小さなことのように見えますが、そのような教師一人一人の地道な仕事の連なりが、やがては地域をつくり、この国をつくっていくことになるのです。まさに、資源の乏しい我が国にとって、最も大事な「教育は人づくり、国づくり」に貢献してきたのです。

人間は人間にしか育てられないのだから、教師への期待はＡＩでできるようなことではありません。それは、とても尊い仕事です。そんな教師の皆さんには、ぜひ自ら選んだ仕事を自ら価値付けてもらいたいと思います。そのために大事なことは、最後まで「なりたい教師像」を追い続けることです。そんな前向きな働き方をしたならば、どんな失敗も、どんなに苦い経験も、あれがあったから今があると思えるからです。つまり、今の生き方は、過去をも価値付けるのです。

ある退職した校長先生が、最後におっしゃったそうです。「辛いことも、苦しいこともたくさんあった。でも我が教師人生悔いなし」と。

稲垣

確かに、働き方改革は、何とかしなければならない喫緊の課題です。そのために何らかの対策が必要ですし、一人一人の教師が自身の働き方改革に努める必要もあると思います。しかし、その実現とともに、子供たちに正面から向き合い、粘り強く関わろうとする日本式教育精神までも失ってしまうことがないようにしたいものです。

その点では、教育の効率化として特別活動をもっと積極的に活用すべきだと考えています。よりよい学級集団をつくる上での果たす役割が大きく、生徒指導上の問題の早期発見、早期解決や未然防止にも寄与します。親の苦情も減ります。結果的に教師を楽にしていくのです。そういう特別活動の役割があることを、多くの教師に理解してほしいのです。今日的課題という名のもとに何でもかんでも詰め込んで、問題が起きやすい状況にしてしまい、問題対応のために多くの時間を充てざるを得なくなり、それが教師を苦しめるという負の連鎖を変えなければいけないと思っています。

私が新任校長として赴任したある小学校は、まさに学級づくりがまったくできていなかったから、問題対応ばかりに相当な時間をかけることになってしまったという経験があります。年度当初の「子供との出会い」を丁寧に、愛情込めて行うとともに、その基盤となる確かな学級経営の手法、生徒指導の考え方を共通理解しておくことが大切なのだと思います。厳しさとは威圧や怖さではなく、人権を侵害することを決して許さない教師の姿勢なのではないかと考えます。学級内で友達を排斥したり、馬鹿にしたりする雰囲気がないような支持的な風土、共感的な土壌を構築することが求められると思います。

杉田　いじめ問題の課題は、いじめが起きた後の指導に翻弄させられていることです。いじめが起きないようにする事前の指導が疎かになり、事後の指導に時間がかかっているのです。だからこそ、積極的な生徒指導という言い方をして事前の指導に力を入れるように求められているのです。つまり、対処的な指導をしっかり確立させた上で、いじめが起こらないよう指導に力を入れるのです。そしてそのために、いじめの早期発見、早期解消の学級学校の集団づくりに直接結び付く、特別活動の役割をもっと多くの学校に理解してほしいのです。いじめがなくならない原因のひとつに、特別活動が大事にされていないことがあります

稲垣　まさに生徒指導を対症療法のような形で行うと、保護者対応などでものすごく時間

がかかります。学校で特別活動を中核にすることによって、学級が機能していくようになり、生徒指導の時間は本当に少なくなります。

私が勤務校で行っていたのは、とにかく子供との出会いを大事にするということです。例えば、学期が始まるときには、必ず黒板に担任がメッセージを書いて子供を迎えるようにするなど、きちんとした学級経営の手順を教師に指導しました。教師と子供の信頼関係が築けると、子供の問題行動は激減します。それから、学校でアンケート調査をして、子供たちの学校評価、保護者の学校評価、教職員の学校評価の三つを必ず公開するようにしていました。そうすると、子供たちが学校を楽しみにしているなどの項目が向上している様子に、保護者も安心できるようになっていきました。

杉田　自分の子供が幼いとか、親の介護など家庭の事情で早朝に来られない人もいますから。そういう人まで追い込む必要もないし、頑張ろうとする人まで否定する必要もないでしょう。

稲垣　そうです。ただ、早く学校に来てラインを引くなと言えることは幸せなことです。そこまでやる気になっている教職員がいるということですから。

それから、教職員の家庭事情や経験年数、個々の意識の違いをどのようにして同じ方向に向かわせるかが校長に問われるのだと思います。校長の仕事は、極論すると、「学校の方向性を見誤らないことと人材育成」にあると思います。働き方改革の基盤は、教職員の意識改革によるものと考えています。

学級担任の先生は、何から何まで自分の子供みたいに相談に乗ってやっていますからね。教師になった理由を初任者に尋ねると、多くは出会った先生の影響と答えます。その多くは、やはり学級担任と答えることが多いですね。特に小学校においては、学級担任になりたくて教師になったのだと思います。教師と子供の信頼関係、子供同士のよりよい人間関係を基盤とする学級経営を実践したくて教師になったのだと思います。だからこそ、学級担任制は日本の教育の基盤であると考えます。

私が定年退職した２０１９年3月３１日、さまざまな方から労いの言葉等をいただきました。しかし、私にとって最も心に残るプレゼントは、夜八時にショートメールでたくさん入ってきた文章でした。それは、私が最後に五、六年と担任した小学校の卒業生からのものでした。まさに、教師冥利に尽きるもので、目頭が熱くなりました。幸いなことに、担任として最後に送り出した子供たちの学校で、校長として退職できたからだと思います。結びに、そのうちの二つを紹介させてください。

「稲垣先生、おつとめご苦労様でした。現場から教育委員会までのハードワーク、走馬灯のように蘇ることと思います。個人的に先生に担任していただいた日々は今でも強烈に鮮明に思い出すことができること、その時間を共にできたこと、大切な時間をいただいたこと、幸せに思います。まだまだ墓場までおそらく長いと思いますが、今まで以上に稲垣先生らしく、またお酒をみんなで飲める日まで楽しみに待っています。恩師と呼べる人に出会えて幸せです」

「定年、おめでとうございます。長い教師人生お疲れ様でした。先生と共に過ごした日々は忘れられない思い出であり、クラス全員で泣いた卒業式の日は二〇年経った今も強く心に焼き付いています。これからは、僕らのような生徒に頭を悩ますこともありませんので、自由を楽しみ、スローライフを満喫してください」

その他にもたくさんのメッセージをもらいました。その子供たちの文章は、今でも手帳の中に入れています。どのような立場となっても、生涯、子供と汗や涙を共にした「学級担任教師」であったことを忘れないように…。

著者プロフィール

杉田　洋　**國學院大學人間開発学部教授**

学生時代に青少年の健全育成のためのボランティア活動に没頭。このことにより埼玉県からアメリカ・カナダに派遣され、これをきっかけに教職を目指す。昭和 55 年４月より埼玉県内小学校４校に 18 年間勤務。浦和市教育委員会、さいたま市教育委員会に６年間勤務した後、文部科学省教育課程課教科調査官、初等中等教育局視学官など文部科学省での 11 年間を経て、平成 27 年 4 月より國學院大學教授。日本特別活動学会理事、モンゴル教育大学客員教授、全国特別活動研究会顧問、NHK「でーきた」番組委員、文部省小学校指導資料作成協力者、小学校学習指導要領作成協力者、中央教育審議会委員などを歴任。『よりよい人間関係を築く特別活動』(図書文化)、『自分を鍛え、集団を創る！特別活動の教育技術』(小学館)、『教室環境づくり』(小学館)、『子供の心を育て、つなぐ特別活動』(文溪堂)、『担任がしなければならない学級づくりの仕事 12 か月』(明治図書) など著書、編著書多数。平成 28 年より、JICA のエジプト国への TOKKATSU の導入に関わっている。

稲垣孝章　**前埼玉県東松山市立松山第一小学校長**

埼玉県内小学校教諭、東松山市教育委員会指導主事、教頭、小学校長として三校で特別活動の研究を推進。道徳と特別活動の教育研究賞での学校研究の校長としての実践論文が、「文部科学大臣賞・最優秀賞 学校（団体）」を二校で受賞。令和元年度より教育相談、不登校対応、教職員研修等の機能を有する東松山市立総合教育センター所長及び城西国際大学兼任講師として特別活動、総合的な学習の時間を担当。平成 10 年「小学校学習指導要領（特別活動）」（文部省）作成協力者、文部科学省作成「心のバリアフリーノート」作成協力者等の委員を歴任。全国道徳特別活動研究会顧問、全国特別活動研究会参与。著書等は、『楽しい学級遊び 100』、『学級通信早わかり』、『英語で学級遊び 30』、『係活動早わかり』（小学館）、『みんなの学級経営』（東洋館出版社）。現在も特別活動、学級経営、学校経営等での連載を含め、教育雑誌に多数執筆。特別活動や学級経営、家庭教育等で各地での講演も多い。

特別活動で、日本の教育が変わる！
特活力で、自己肯定感を高める

2020年7月20日　初版第１刷発行
2024年3月30日　　　第２刷発行

校　正：目原小百合
装幀・本文デザイン：trispiral　藤崎知子

編集協力：高瀬康志
編　集：和田国明

発行人：北川吉隆
発行所：株式会社　小学館
〒101-8001
東京都千代田区一ツ橋2-3-1
編集　03(3230)5389
販売　03(5281)3555
印刷所：萩原印刷株式会社
製本所：株式会社若林製本工場

ISBN978-4-09-840199-4